子どもの心に耳をすますための22のヒント

あなたも保育者になれる

保育者・青くんのブルーノート

青山 誠 著

小学館

「保育」とは子どもに出会い続けること

むかしむかし、ぼくらは川べりに寝転んでたんぽぽの下から空を見上げていた。そのころは、いまとは違った呼び名で呼ばれ、自分だけの秘密のひとり遊びを持ち、お気に入りの片隅を持っていた。やがて季節はめぐり、色や匂いは薄れ、雨に打たれることも減るにつれて、ぼくらはだんだんと大人になっていった。

あるとき、あなたは道にしゃがみこんでいる子どもに出会う。何を見ているのだろう……その子の隣にしゃがみこむ。落ちている小石を一緒に拾い、いくつかをポケットに入れる。あなたの横を子どもたちが走り去る。斜面をかけのぼっていく子どもたちのあとを追って、あなたも走りだす。

子どものいるほうへ行ってみようかな。あなたはふと思う。そして今度ははっきりと自分の心の中で言い直す。そうだ、子どものほうへ行ってみよう。

それからしばらく時が過ぎて、この本を手に取ったあなたは、ぼくと同じように保育者かもしれないし、これから保育者になろうと勉強しているかもしれない。あるいは漠然とした興味から、「保育」ってどんなものだろうとこの本を開いてみてくれたのかもしれない。

待機児童やら保育園建設反対やら、「保育」をとりまく世間はとかく騒がしい。けれど、もしぼくらがひとりの保育者として現場に立つならば、事はそれほど複雑ではない。

子どもたちの登園する少し前に園に行き、準備をする。そのために朝早くあなたは起きたはずだ。前の晩はテレビを消して早めに寝たかもしれない。朝、家を出れば、同僚の顔を思い浮かべて、心を軽くし、あるいは心を重くし、園に向かって歩きだす。やがて園が見えてくると、あなたの頭はより具体的な事柄で回りだす。何時に何をやればいいか、何を出しておくべきか、誰に何を伝えておくべきか。

そして子どもたちが来る。

もうあなたはそれほど多くのことは考えない。考えるより早く、動かなければいけないし、応答しなければならない。表情に表情で返し、声に声を重ねる。黙って見つめ、判断して身体の向きを変える。同僚とすれ違いながら、短く情報を共有する。

誰かが何かをこぼす。誰かが声をあげる。あれは笑っているのか、それとも泣いているのか。しゃがみこむ。でもこの高さでは高すぎると思い、膝に手をついてもう少し身をかがめる。

そこにふたつの目がある。子どもの目だ。あなたの目をのぞきこんで、あなたを見つめている。その日のあなたがどんなあなたであろうとも、また、その日までのあなたが何者であって、これからのあなたが何者であったとしても、それには関係なく、あなたを見つめるふたつの目。

子どもがいて、あなたがあなたとしていて、その間に生まれてくるものがある。

とてもシンプルなことに思える。そこには謎も、ゆらぎもないように思える。

けれどもその営みを「保育」としてとらえ、そこにいる自分を「保育者」としてとらえ、何が「正しく」、何が「よりよく」、何が「子どものため」なのか。そんな問いを投げかけられると、たちまち戸惑いが生まれてくる。

たとえば保育者としての自分という存在はどうだろう。子どもや、同僚や、保護者に「青くん」と呼ばれているのは誰なのか。ぼくのすべてが「青くん」ではないし、「青くん」のすべてがぼくではない。それは収まりの悪い仮面のようにも思える。けれども子どもと遊んでいるときは、子どものころの自分に似ているような気もする。

そして思い出す。自分が子どもを生きていたこと、子どもの隣で子どもが見ている世界をのぞきこもうとしたことを。石ころ、たんぽぽ、いくつかの雨を。

「保育」とは子どもに出会い続けること。子どもの見ている風景をともに見ること。子どもの隣で、それを思い出せるかぎり、あなたは今日も保育者になれる。

この単行本は、『新・幼児と保育』2013年4/5月号〜2017年2/3月号に連載されていた『青くんのブルーノート』を加筆修正したものです。

「りんごの木」では、子どもも大人も、家庭で呼ばれている、あるいは自分で呼ばれたい呼び名で生活しています。本書における名前の表記もそれに準じています。

contents

第3章

子どもの言の葉～子どもの声に耳をすまして～

第4章

あなたも保育者になれる

第1章

子どもの世界をのぞいてみたら

オタマジャクシと歩く世界

ほら、子どもたちがやってきました！　自転車もスピードを落とさなければいけませんし、アリンコも道をよこぎるわけにはいきません。だって、子どもたちが道の向こうからやってくるからです。

「ピー、ピーッ！」と、ふたりの子どもが肩を組んで笛を吹き鳴らしながら歩いてきました。

「よーい、どん！」

その後ろから５人の子どもたちが追い越していきました。

それから、お姫様たち！　思い思いのドレスに、風呂敷を重ねて、ひらひらと踊りながらやってきます。

さらに後ろから、たいちゃんがよつんばいで、のそのそとやってきました。鼻にホースをくっつけています。そのホースを空に向かって振り上げながら、叫び声をあげています。

「ウォーー！」

「……あっ！　ゾウ！」

「ウォーー！　みれば、わかるだろ！」

ゾウは長い鼻でぼくのズボンのにおいをフンフンと嗅ぐと、またのっそりのっそり行ってしまいました。

あれ？　道にしゃがみこんでいるふたり組がいます。とあと、りゅうです。ふたりは池でつかまえてきたオタマジャクシを道に置いて、じっと見つめています。ウシガエルになる、大きな大きなオタマジャクシです。まだ足は生えていません。でも歩くかもしれません。

「あるきそうだけど」。とあがいいました。

「まだ、あしがないからな」。りゅうも横からのぞきこんでいます。

「さかにおけば、あるくかもよ」

そこで今度は坂道に置いてみることにしました。でもオタマジャクシは体をもぞもぞするだけで、ちっとも歩きません。

「どうしたのかな、あるかないぞ」

「みずがないからじゃない？」

「じゃ、もってこよう」

とあと、りゅうは、大きなバケツに水をいっぱい入れて持ってきました。そして坂の上からざーっと流しました。

「あるいた、あるいた！」

「やっぱり、みずがないとあるかないんだ」

　そこへ自転車に乗った女の人が通りかかりました。

「ちょっと、こんなところに水流して……まあ、オタマジャクシ！」


　大人と子どもとでは、同じ「道」でもこんなに違うのです。大人にとって「道」は、効率よく目的地まで移動するための空間です。水を流すなんてとんでもない。オタマジャクシを歩かせるなんてもってのほか。「コップ」は水を飲むためのもの、「えんぴつ」は字を書くためのもの。間違っても、コップの底から太陽をのぞいたり、えんぴつを鼻と上唇の間に何秒はさめるかを競ったりするものではありません。

　大人は世界をいろんな「　」でくくって生きています。それでうっかりオタマジャクシと道を歩くことを忘れてしまうのです。

　子どもはまだ「　」でくくられていない世界を生きています。ちょうどオタマジャクシが歩くのと同じスピードで、いままさに世界と出会っています。子どもの隣にいるということは、オタマジャクシのスピードで歩くということです。用途や名前にくくられる以前の世界を、ともに生きるということです。

　自転車に乗った女の人は行ってしまいました。

とあと、りゅうはおままごとの棚から、お玉を持ってきて、道からオタマジャクシをすくいとっています。今度は、たらいに水を張って、オタマすくいをするそうです。
「おたまで、オタマ。ハハハ」
「おたまに、オタマ。ハハハ」
ハハハ、って、まだ２匹。坂道を歩いているんですけど。

column

3回言葉をのみこむと見えてくる世界

これを書きつつ、子どもの隣で、自分が少なくとも3回は言葉をのみこんでいることに気がつきました。とあと、りゅうがしゃがんでいるのを見て、「何してるのかな……」。これでひとつ。オタマを歩かせようとしているのがわかって、「おもしろそう！」。これでふたつ。自転車の人に軽くいさめられて、「うわ、ちょっとまずいかな」。

3回のみこんで、まだじっと見ていると、おもしろいことが起きる。子どものいろんな表情が見えてくる。「水を流す！　いいアイデア！」「へー！　ふたりであんなに重たい水を運んできた」。自転車の人に注意されて、りゅうは困って、とあに苦笑い……。とあは「あのぉ、オタマジャクシあるかせてます」だって。

見ている場合ではないときも、見ていてハラハラするときもあります。その場合でも「見る」ことから始まる、保育はまず目でする仕事です。保育者としての「視力」が上がれば上がるほど、子どもが見えてきて、保育がおもしろくなっていくと感じています。

4月の子どもたち

４月です。

新しいクラスになり、子どもたちとの新たな出会いが始まります。

ゆみちゃんが道にしゃがみこんでいました。お母さんと別れたあと、その場にすわりこんで、お母さんが行ってしまった先を見つめています。

ぼくは「お母さん、また迎えに来てくれるよ」とか、「何かして遊ぼうよ」とか、そんな言葉をかけるつもりで近づいていきました。ゆみちゃんがしゃがみこんでいるので、ぼくもその隣にしゃがみこみました。地面がぐっと近くなり、空が高く離れました。桜の並木はまるで上からおおいかぶさってくるようでした。その下に遊歩道が長く長く延びて、どこまでもどこまでも続いています。

ああ、本当に、ゆみちゃんのお母さんはあの道の向こう、どこか遠い、はてしないところへ行っちゃった。ゆみちゃんの感じているはてしなさ、その不安が、視線を重ねることでぼくにも伝わってきました。そのとき、ゆみちゃんの見ている風景は、ぼくの風景でした。

「ママ、いっちゃった」。ゆみちゃんがぽつんといいました。

「うん、行っちゃったね」

　ぼくがいいました。

「いやだった」

「そうだね、いやだったよね」

　ゆみちゃんはそれから少し泣きました。ひとしきり泣くと、ゆみちゃんは足下にある桜の花びらをひとつ拾いました。そして「あげる」といって、ぼくにくれました。ゆみちゃんと、ぼくとで、薄桃色の花びらを集めました。一つひとつ拾ううちに、だんだんと、ゆみちゃ

んとぼくの気持ちは落ち着いていきました。
　しょうたくんは、一番仲のよかったそうくんが引っ越してしまってから、しょんぼりとしていました。クラスも替わったばかりで、そうくんほど仲よしの子はまだいません。保育者がそばにいてももの足りない。そうくんがいなくなったということに呆然としている様子でした。お母さんからも離れにくくなり、絵本を読んだり、少し一緒に遊んでから別れたりということをくり返していました。しょうたくんに何と声をかけたらいいやらわからず、ただそばにいるという日々が過ぎていきました。
　そんなある日、しょうたくんがじっと立ちつくしていました。少し離れたところから見かけて、また手持ちぶさたになっているんだな、と感じました。ところがよく見ると、しょうたくんが何かを見つめていることに気がつきました。そばに行って、しょうたくんの肩越しにのぞきこんでみました。しょうたくんの目の前には、青々としたカラスノエンドウがもういくつかの豆をつけていました。

しょうたくんが手を伸ばして、カラスノエンドウのさやにさわりました。ぼくはできるだけ小さな声でいいました。

「まめ……だね」

するとしょうたくんがいいました。

「ふくらんでる」

ぼくもカラスノエンドウをさわってみました。さやの中では、いままさに小さな豆が少しずつふくらんできていました。

「おかあさんにおみやげにする」と、しょうたくんがいうので、ふたりでたくさんカラスノエンドウをとりました。

次の日の朝、玄関先で「あおくん、おはよう」と大きな声がしたので振り返ってみると、しょうたくんがにこにこして立っていました。

子どもは人の心の気配に敏感です。４月の子どもに近づくのはなおさら、繊細な用心がいります。自分をどうこうしようとしているのか、それともちゃんと話を聞いてくれるのか、心をぴんと張りつめて感じています。むやみにこちらのペースに巻きこもうとすると、引かれてしまいます。ちゃんと聞いてくれると思えば、心を開いてくれます。

隣り合って、その子の見ている風景をともにのぞきこむことで、子どもとつながる瞬間があります。一人ひとりの世界にそっとお邪魔するつもりで、子どもたちと出会っていけたらと思っています。

column

子どもの風景をともに見る

子どもを見るときには、ふた通りのやり方があります。

ひとつは、子どもを自分とは切り離して、「対象」として見る見方。子どもの言葉、表情、しぐさ、すわっている場所などから、その子の様子を類推したり、発達的な観点や生育歴といった尺度を用いたりする見方です。これは子どもをひとまず客観的な対象と見なすことで、子どもが「ワカル」ということ。

もうひとつは、その子の見ている「風景」をともに見る見方。その子に隣り合って、その子の見ている景色を一緒にのぞき見ます。そうすると、その子がいま何を見つめ、その風景の中に何を感じているかが伝わってきます。こちらは子どもに共感し、「カンジル」ということです。

定点カメラ

「おはよー！」

たくみが張りきって、保育室に入ってきました。リュックを片手で振り回しながら、目はもう遊ぶ人を探しています。

「おは、うんこー」

けいちゃんは玄関のところで、にかにかしながら待っています。大人がどういうかな？　追いかけてきてくれないかな？　「おは……うんこー！」

「おはようございます。ほら、たいち、行っておいで」

お母さんに励まされて、たいちはお母さんの後ろから、ちらっと顔をのぞかせました。部屋の中には誰がいるのか、今日の「りんごの木」はどんなふうか……お母さんの後ろからうかがっています。

まなは今日、人形をひとつ抱えてやってきました。昨日はふたつでした。その前は、ひとつも持っ

ていませんでした。

「りんごのきにくるときにね」。理由を聞くと、まなは教えてくれました。

「なんだかわからないけど、ちょっといやだなとおもうときは、おにんぎょうをひとつもってくる」

「ふたつのときは？」

「りんごにくるのが、いやだな、いやだなっておもうとき」

「持ってこないときは？」

「いやじゃないとき」

「人形持ってくると、来られるの？」

「うん、なんだかわからないけど」

子どもたちを見るときに、ひとつのところをじっと見続けていると、いろいろなことが見えてきます。いわば定点カメラのようなものです。

あすかちゃんは毎日、大きなバスケットにたくさんのものを詰めこんで、えっさえっさと持ってきます。その中身を見せてもらいました。

ウサギ、クマ、ペンギン、ポケモン、プリキュア、クルマのぬいぐるみ。ペンが4本と、えんぴつが1本。消しゴム。スタンプの箱。折り紙で折った鳥。カード。シュシュ。スーパーボール。袋（「ほんとはここに、アメちゃん入ってたの」）。リボンと紙で作った、牢屋の鍵。笛ラムネのおまけ。耳当て。紙の人形がいくつか。こんなにたくさん！　バスケットはいつも山盛りです。

ところが、あすかちゃんは持ってきたものではほとんど遊びません。朝、バスケットを棚の上に置き、帰りに「よいしょ」とかついで帰ります。

「もしかしたらあそぶかもしれないし、ほかのこもあそぶかもしれないでしょ」

バスケットの中を見せてくれながら、あすかちゃんはいいました。

遊んでも遊ばなくても、自分の1日や友達の顔を思い浮かべながら、いろんな「楽しい！」をバスケットに詰めこんでくることが、あすかちゃんにとっては大事なのでしょう。

そういえば以前、「明日、遠足に行こうよ」と誘ったとき、あすかちゃんが泣いて嫌がったことがありました。

「そんなつもりじゃなかった。あしたもりんごのきで、ふつうにあそびたかった」と。

あすかちゃんのそのときの様子、それから毎日持ってくるバスケット……あすかちゃんはいろんなつもりを自分の中で思い浮かべながら生きている人なんだ、とぼくは思い至りました。

この話をすると、ほかの保育者が３歳のころのあすかちゃんの話をしてくれました。

りんごの木に通い始めたころ、あすかちゃんは泣きながらお母さんと別れていました。保育者があすかちゃんを抱き上げていると、３歳のあすかちゃんは、「ジブンデ！　ジブンデ！」と泣きながら叫んだそうです。

あわてて保育者がおろすと、あすかちゃんは窓まで走っていって、「バイバーイ！」と叫んで、自分でお母さんを見送りました。

３歳のあすかちゃんにも、もうちゃんとつもりがあったのです。

こんなふうに、持ってくるものからも、朝の「おはよう」や「バイバイ」からも、その人の人となりを垣間見ることができます。

定点カメラ、のぞいてみませんか。

column

定点カメラは子どもへの興味から始まります

保育者になりたてのころ、「子どもをよく見なさい」と先輩の保育者からいわれ、通り過ぎる一人ひとりを眺め暮らしたのを覚えています。でも漠然と眺めていても子どもは見えてきませんでした。

ひとつの視点に絞って見続ける「定点カメラ」は、いろんな置き方ができます。

遊びに入りたいときどうするのかな。苦手なものがお弁当に入っていたら、みんなどうしているのかな（ある状況で、それぞれの子どもの違いを見る）。

昨日と今日とで、あの子の「おはよう」が違うのはどうしてだろう。3歳のときの「おはよう」はどうだったのか（ひとりの子どもを時系列で追う）。

定点カメラは子どもに対する問いや、興味から始まります。保育者としての視力を保つには、生き生きとした心が何よりも大切かもしれません。

子どもに
遊んでもらいなさい

春、始まりの季節です。ぼくにも始まりの季節がありました。保育者になって1年目、そのころは愛知の里山の麓にある幼稚園に勤めていました。

「好きにやっていいから」といきなり担任を任されたものの、とにかくもうなにがなんだかわからない。初めての設定保育で子どもたちに向かって、

「さ、風になろう。手をつないで風になろう」と投げかけると、

「……やだよ。ねえ、まだあそんじゃだめなの」といわれる始末。

子どもたちと遊ぼうとするとうまくいかないことばかり。

職員室に帰ってベテランの先生に聞きました。

「あのー、子どもをどう遊ばせたらいいのか、さっぱりわからないんですけど」

ベテランの先生はやれやれというふうに首を振っていいました。

「そんなこと考えてるからだめなのよ。子どもをどう遊ばせようかではなくて、子どもに遊んでもらいなさいよ。そうしたら、だんだん子どもたちが見えてくるから」

なるほど。それならぼくにもできそうだ。

次の日、ぼくは園庭に出ていきました。たいすけくんという3歳の子がす

わりこんでいました。両足を広げて、お尻をぺたっと地面にくっつけていま
す。なにやらぶつぶついいながら。ぼくもたいすけくんの隣にすわってみま
した。たいすけくんのしているように足を広げて、お尻をつけて……。
たいすけくんは砂を両手で集めては崩し、集めては崩して遊んでいました。
「あー、すながこっちからきましたね。あー、こっちからもきて、おやまに
なりましたね」
たいすけくんの両足の間はひとつの小さな世界でした。そこでは山が盛り
上がっては崩れ、道ができ、また新たな山ができ……。
そこへ、ひょっこりカマキリが歩いてきました。
「うっ」
たいすけくんがカマキリに気づいてうなりました。カマキリのほうも、ぴ
たっと止まりました。たいすけくんとカマキリはじっと見つめ合っています。
１秒、２秒、３秒……しばらくすると、カマキリはそっと鎌をあげ、たいす
けくんを横目で見ながら、通り過ぎていきました。
カマキリが行ってしまうと、たいすけくんもまた遊び始めました。
「へんなおきゃくさんきましたね。だれでしょうね。へんでしたね」

ぼくもたいすけくんのように、砂を集めてみました。

「あー、山ができた。山が動いた、ゆっくり動きますね。ゆっくり山ですね」

ぼくもひとり言をいいながら遊んでみました。すると、たいすけくんが手を伸ばしてきて、ぼくの作った山に砂を盛りました。

「こっちからもうごいてきました。それでやまがくっついちゃいましたね」

ぼくとたいすけくんの目が合って、ふたりで笑いました。

その日はそれから、みんなで近くの川まで散歩に出ました。

川岸は一面のタンポポ。その黄色い野の道をどこまでもどこまでも歩いていきました。子どもたちはタンポポやシロツメクサを摘んだり、ツクシを探したり、道にごろんと寝転んだり。ぼくもまねをして寝転びました。

すぐ隣から子どもたちの息づかいが聞こえてきます。タンポポの花の下から、どこか甘い春の空を見上げているうちに、ふとこんなことを感じました。

「いままでは太陽が花を照らしていると思っていたけど、本当は世界中の花が太陽を照らしているんだ。それで太陽が咲いてるんだ」

大地から、音を立てて、タンポポたちがいままさに伸びていこうとしているのが感じられました。

　そのとき気がつきました。タンポポも、子どもたちも、自分で伸びようとしている。保育者は大地のようであればいいいんじゃないか。

　これは春の日の、うららかな幻想にすぎないのかもしれません。でも保育に対する心持ちとしては、このとき感じたことがいまに至るまで変わらずに自分の保育を支えてくれています。あの川岸で、ぼくは保育者になったのです。もちろん保育の中での具体的なあれこれは、それ以降一つひとつ失敗と工夫とを積み重ねていくことになるのですが。

　大地とまではいかなくても、誰かにとっての一塊の土になれたら、と願っています。

column

子どもの世界にお邪魔する方法

子どもの世界にお邪魔する作法というか方法は保育者によっていろいろとあると思います。ぼくがよく試してみるのは次の3つです。

①子どもに隣り合ってみる。同じ方向に体の向きを揃え、同じ姿勢をとってみます。

② 子どものまねをしてみる。花をつまむ、ダンゴムシをいじる、砂に触る、子どもと同じことをしてみます。

③ 子どもと平行遊びをしてみる。いきなり子どもの遊びの中に入っていかず、すぐ隣で自分は自分で遊んでみる。するとふっと言葉や視線を交わす瞬間がきます。

第2章

遊びをせんとや生まれけむ

動物園ごっこ

動物園ごっこをやろう、とみんなで盛り上がりました。

「わたし、ネコになる」

「イヌやりたい」

「わたしたち、シロクマ」

「おれ、ウシ」

「ぼく、カエル」

「おせわするひとも、いるよね」

「あー、しいくがかりね」

「わたしは、おきゃくさんでいい」

「わたしも」

ネコはにゃごにゃご、イヌは

わんわん。ウシはとりあえずよつんばいに。シロクマたちは「もうじゅうだから」と、ぎゃおぎゃお襲いかかってきます。飼育係があわてて、檻に戻します。

やってみてから、「どうだった？」と子どもたちに聞きました。

「おもしろかったー。けど……」

「しっぽがほしい」と、ネコ。

「みみも」と、イヌ。

「チケットがいるよ」と、みきちゃん。

「イルカとかのショーやればどうかな。どうぶつえんだし」

「こまるのはさ」と、飼育係。「シロクマがオリからでちゃう」。

「だって、もうじゅうだから。ひとをおそうんだよ」

「しいくがかりのいうこときけよ」

「やだよ」

「じゃあさ」と、かいとくん。「ふれあいタイムつくれば。そのあいだは、ふれあえるの。そのときだけ、どうぶつはオリからでるの」

「ふれあえるならさ」と、ネコ。「エサつくって、どうぶつのまえにおいとくの。

それをおきゃくさんがあげられるの」

もう一度やってみました。入り口で、みきちゃんがチケットを配ります。お客さんたちが入っていくと、まずいるのは、イヌとネコ。すり寄ってくるので、エサをあげます。部屋の真ん中では、カエルがゲロゲロ。シロクマたちが檻の中で唸《うな》り、ウサギは跳ね回っています。最後にウシ。

「ふれあいタイムでーす。みなさん、ふれあってください」

飼育係のかけ声とともに、動物たちが檻から出てきます。わんわん、にゃごにゃご、ぎゃおぎゃお、ありとあらゆる方向から、動物たちが一斉に迫ってきます。お客さんたちは、もみくちゃです。


「どうだった？」

「もういっかい、やりたーい」

「あのさ」と、てるくん。「おれのウシ、ぜんぜん、にんきがない」

「だって、うごかないし、なかないんだもん。にんきのあるどうぶつは、ないたり、うごきまわったりしてるんだよ」

「ぼくじょうで、のんびりしてるのがウシだから。あばれたりしない」と、てるくん。

「てる、たのしそうじゃないんだもん。たのしそうにしてるとこに、おきゃくさんは、なにかなって、よってくるんだよ」

「ウシって乳出すよね。それを牛乳とかアイスにして売ったら」。ぼくも提案してみましたが、ウシは、しょんぼりといいました。

「おれのウシは、ちちのでない、ウシなんだ」

「じゃ、闘牛は？」。再び、ぼくがいいました。「ウシって、いつもはのんびり屋だけど、赤い色をみると興奮してさ。赤い布を見せて、興奮させて、ひらっとよけるの。よける人のことを、闘牛士って呼ぶんだけど」

「やってみる」と、てるくん。

ののちゃんが赤い布をひらひらさせます。ウシが突進。ひらり！　危ないところでかわしました。いいぞ！　と歓声があがります。

もう一度、ののちゃんが赤い布を揺らします。ウシは積み木の角をもぎとりました。後ろ足で地面をざっざっと蹴りました。どん！　闘牛士は弾き飛ばされてしまいました。

「これ、やりたい！」。ウシがいいました。

もう一度、やってみました。今度はお母さんたちも、お客さんとして呼びました。エサをあげたり、ふれあったりするうちに、闘牛が始まりました。

「なになに？」と人だかりができます。

ウシが突進。闘牛士がひらり！

「オーレ！　オーレ！」

動物も、人も、いりまじって、にぎやかです。

突然、みきちゃんが大声でいいました。

「ショーがはじまります。みなさん、おすわりください」

動物も、お客さんも、並べられた棚の前にすわりました。棚の後ろから、ひょこっと、小さな動物たちが現れました。紙で作った棒人形です。動物たちは歌を３つ歌いました。それからダンスをふたつ踊りました。

最後に、みきちゃんが静かな声でいいました。

「どうぶつえんごっこは、これでおしまいです」

column

遊びの足し算を生む、あいづち

よくある「発表会」と、この動物園ごっこ、引き算と足し算くらい違います。

より正確に、より上手に、たった一度の「本番」に向かって、余分なものを削ぎ落としていく。発表会はいわば「引き算」。

動物園ごっこは「足し算」。いきなり、やってしまう。やってみて、「どうだった」と子どもに聞くと、もっとこうしたい、ここがうまくいかない、と意見が出ます。それを取り入れ、またやる。やるたびに新しい要素が加わり、遊びがどんどん広がります。なんといっても毎回楽しめます。

遊びの足し算を生むために、保育者のかかわりで大切なのは、子どものアイデアに肯定的にあいづちを打つこと。「カエル？　動物園にはいないよ」なんて返してしまうと、子どもは自分が何がやりたいかより、先生が何を望んでいるかが重要になってしまう。

「カエルね！　なるほど。おっもしろいねぇ！」。おおげさに、感動を持って、あいづちを打つ。弾むような応答があれば、子どもの遊びの創造力も思いのままに弾んでいきます。

ケンカ万歳

　まりかと、こっちゃんと何人かの子どもたちでコンサートを開きました。ピアノを弾き、鈴を鳴らし、バケツに粘着テープを貼った太鼓を叩きます。こっちゃんはチラシも作りました。コンサートのメンバーの絵が描いてあります。「ねこふんじゃった」を合奏し、「にじ」を歌うと、お客さんから大きな拍手が上がりました。コンサートは何回も開かれました。ところが、ある日ケンカになりました。

　こっちゃんのチラシを見て、まりかもチラシを作りました。こっちゃんのより、大きくて、厚い紙で。チラシができあがると、まりかはいいました。

「もう、こっちゃんのはつかわない」

　こっちゃんのは紙が薄い、破れてしまう。だから自分のだけ使う、と。

「そんなこといわれたら、コンサートやるきがしなくなる」

こっちゃんは大声で泣きました。

まりかは、むっと黙りこみました。こっちゃんが泣いて困ったのか、泣くなよ！　という気持ちだったのか……。みんなで集まる時間になっても、まりかは黙ったままでした。

「かたいかみを、うらに、はったら？」

「かたいかみに、かきなおせば？」

「おなじようには、かけないよ。コピーしたら？」

ケンカのわけを知って、こっちゃんの薄いチラシをどうしたらいいか、みんなが意見をいいます。

いつきは、また違った考えです。

いつき　おこればいいんじゃない？　こっちゃんが、まりかに。

みちお　でも、なんで、まりかは、そんなにぼんやりしたかおしてるの？

いつき　たぶん、「ごめんね」なんじゃない？

まりか　ちがう。

まりかがやっと口を開きました。

「じゃ、どんな気持ちなの」と聞くと、また黙りこんでしまいました。

「こっちゃんは自分の気持ちをいえたから、すっきりした表情してるんじゃないかな」

ほかの保育者がそういうと、今度は、こっちゃんがキッとした表情でいいました。

「こっちゃんだって、なくなってない」

みちお チラシをやめる。どっちも。

そうすけ こっちゃんのと、まりかのと、べつべつのへやにはる。

（「りんごの木」には赤りんごと青りんご、ふたつの部屋がある）

かんた こっちゃんと、まりかが、わかれたら？

青山 別のグループ（組）になるってこと？

これを聞いたとたん、こっちゃんは泣きだしながらいいました。

「ほんとは、なかよしだからさぁ……」

まりかが顔を上げました。泣いているこっちゃんをまじまじと見ています。

「……それは嫌なんだね。まりかは？」と聞くと、まりかも首を横に振ります。

さてさて、困りました。いままで出た案を紙に書き出し、「これ、やってみようかなというものがある？」とふたりに聞きました。

こっちゃんがいいました。

「やめる」

さっきまでとはうってかわって、すっきりとした、晴れやかな表情です。
それから、ちょっと首を傾げて「やっぱり、あかと、あおで、わけて、はる」
といいました。続けて、まりかが、にこっと笑っていいました。
「あかと、あおに、わけて、はる」
「まりかの顔、変わったね。いい表情になったね」と、口々にいいながら、
話し合いは終わりました。

それから、こっちゃんと、まりかは一緒にお弁当を食べ、ふたりでチラシ
を貼りに行きました。こっちゃんのは青りんご、まりかのは赤りんごに。
「やめる」といったときの、こっちゃんの晴れやかな表情が、ぼくにはなん
とも不思議でした。どうして「やめる」を選んだのか、どうしてあんなに晴
れやかな表情だったのか。

数日後の帰り道、とつぜん閃きました。そうか、こっちゃんは「やめる」
ということで、チラシよりも、まりかを選んだのだ、と。自分のチラシを「い
らない」といわれ、悲しいやら、腹が立つやら。だけど、まりかと別れるく
らいなら、チラシ、やめてもいいよ。そんなふうに腹をくくった、晴れやか
さだったのではないでしょうか。その気持ちを感じたからこそ、まりかは、こっ
ちゃんの選択に乗っかれたのだと思います。

column

ケンカの伝え方

子どものケンカは、しなやかです。ありったけぶつかれる相手だからこそ、とことんケンカします。ありったけぶつかるからこそ、相手の気持ちも見えてきます。

このしなやかな人間関係を子どもに保障するためには、保育者はケンカの意味と価値を保護者や同僚に伝えられなければいけません。

ケンカはかかわりあいの中で起こるので、関係性の発達という点からもとらえられます。

「気になる相手」に近寄っていき、物を取り合ったり、ちょっかいを出したりしてケンカになる〈出会い〉のケンカ。つながりができたあとは、遊びのイメージの違いや、一緒に遊ぶ、遊ばないなど〈気持ちの違い〉から起こるケンカ。やがて思いをありったけぶつけられる相手だからこその、ケンカになります。

年齢や時期によって移り変わるケンカが、子ども同士の育ち合いにとって、どのような意味があるのかを伝えます。

そして、そのケンカならではの価値を、ストーリーとして語る。単に事実を羅列するのではなく、一人ひとりの子どもの心の動きを伝えましょう。もちろん、保育者の感動とともに。

運動会狂騒曲

運動会の話し合いが始まりました。あっちからもこっちからも声が飛んできます。

「ぜったい、リレーやりたい！」

「たまいれ」

「すずわり」

いままでの運動会でやったもの、学校の運動会で見たものが挙がる中、しゅんちゃんがいいました。

「ピアノひききょうそう」

どうやってやるの、と聞くと、

「まずピアノをふたつ、そとにはこぶ。おもいきりひいて、おおきいおとのひとがかち」

どうやってピアノ運ぶの、重いからむりだよ！　と子どもたちから声があがります。

「じゃ、フエふききょうそうでいいや」と、しゅんちゃん。

まあれちゃんが手を挙げました。

「はのこうかん。みんなさいきん、はがぬけるでしょ。そのぬけた、はをこうかんする」

　おれ、まだぬけてないよ。あたしのどっかいっちゃったよ。わいわいがやがや。どれもこれもおもしろいのです。

「マラソン」と、かずくんがいいました。

　どこをどう走るの、どのくらい、と聞くと、

「まるく、ぐるぐるはしる。10ぷん」

　やってみようということになり、みんなで公園をぐるぐる走ってみました。ところがしばらくすると、みんなすわりこん

でしまいました。

「これ、つかれるだけで、つまんない」

「どうなったら、かちなの?」

うーんと、しばらく考えていたかずくん。

「はんぶんでいい、5ふん。さいごまではしれたひとは、みんなゆうしょう。とちゅうで、はしれなくなったひとは、はじっこにすわる。でも、もどってくるのはなし。とまったり、あるいたりしても、まけ」

かずくんの出したアイデアでやり直してみると、今度はできました。みんなが「マラソン」のコツをつかんだこともあり、ほとんどの子が5分走りきれたのです。途中でやめた子も、自分の意思でやめたのでさっぱりしています。

かずくんの「マラソン」は、「5ふんかんマラソン」としてその年の運動会の種目になりました。

おんちゃんは「オバケふんじゃだめ! きょうそう」を考えつきました。紙に描いたオバケをよけながら走る競技です。絵はオバケのほかにもあり、それは踏んでいいとのこと。おんちゃんは、せっせとオバケを描きました。

みんなでできるように、たくさんたくさん。

　公園に一枚一枚並べて準備完了。よーい、どん！　で走りだします。ところが風が吹いてきて、せっかく描いたオバケはひらひらと飛んでいってしまいます。公園の砂を紙の上にのせてなんとか押さえて気を取り直して、よーい、どん！　ところが、今度は走りだした子たちが絵の前で腕組みして止まってしまいました。

「だめだよ。きょうそうなんだから。はしって、はしって！」

　おんちゃんは叫びますが、

「だって……どれがオバケかわかんないの！」と叫び返されてしまいました。

「これはオバケだろう」

「ちがう、ぺろぺろキャンディーだよ」

「はしって、はしって！」

　おんちゃんは部屋に帰っても、ぷーっとむくれていました。みんながちゃんとやってくれないからです。

「わかんないんだよ、オバケが！　とんでいくしさ！」

　みんなもぷんぷん怒っています。

「オバケがわかりやすくなればいいし、飛ばなければいいんだよね」と保育者がいいます。

「どうしたら飛ばないで、わかりやすくなるか、おんちゃん考えられるかな」

「そんなの、かんたん」と、おんちゃん。

次の日、おんちゃんは考えてきました。作るときは保育者も手伝いました。まず、すべての絵を板に貼りつけることにしました。これでもう飛びません。オバケの絵は黄色い紙、そのほかは白い紙に大きく描き直しました。一目見ただけで、どれがオバケで、踏んじゃダメかがわかります。おんちゃんは最後に、オバケの絵には小さな風船をつけることにしました。

「これなら、みるひとがとおくからでもわかるでしょ」

みんなでやってみます。よーい、どん！　風のように走り抜けながらオバケの上を次々に跳んでいきます。

「そうそう、ぼくがいってたのはこういうこと」

おんちゃんが得意顔でいいました。

column

子どもたちの発想に敬意を払う

りんごの木の4・5歳児、運動会の種目は、「自分がやって楽しい」「みんなができる」「見ている人がわかる」という3条件に照らし合わせて、子どもたちが考えていきます。

話し合っているだけではわからないものはやってみます。

発想をともに育てるコツは、「やってみる」（結果を体験してもらう）、「何が難しかったか話し合う」（困難な点をはっきりさせる）、「難しいことをなくせるか、なくせるとしたら何をどうしたらいいか」（アイデアを出す）ということを、手間ひまかけて子どもたちとともに育てていくことです。

とかく、子どものアイデアは、大人から見ると突飛で実現不可能なものに思えてしまいがち。でも、そこにはおもしろい活動につながる種がたくさん詰まっています。

子どもたちの発想の柔らかさに敬意を抱きつつ、大人がまず頭を柔らかくして子どもたちの豊かさについていきましょう。

バケモノさがし

子どもたちといると、たまにバケモノに出会います。

ひびきは、ずいぶん前から「バケモノさがし」に出かけることに決めていました。バケモノの絵を何枚も描きました。それはあるときは元気のいいゴリラのようでした。あるときは檻に入れられてひどくしょんぼりしていました。

「何が必要なの？」

ぼくが聞くと、ひびきは答えました。

「ながいロープがいるよ。バケモノをぐるぐるまきにして、つれてこよう。あとライト。くらいところにいるとこまるから。それにトンカチ」

ひびきは、ロープとライトとトンカチをリュックに詰め、10人の仲間と毎日バケモノさがしに出かけました。まずは、お墓。それから昔お城だった城跡公園。川に河童さがし。真っ暗な地下駐車場や、ビルとビルのすきまにも入ってみました。バケモノはなかなか見つかりません。

「みつからないわけだよ」。4日目が終わると、ひびきはいいました。

「こんなにあかるいんだもん。やっぱり、よるにいかないと」

それで5日目は夕方、りんごの木に集まって、一番出そうな城跡公園へ行

くことになりました。

「くらくなってきた。うー、どきどきする」。かっちゃんは心配そうです。

「だいじょうぶ、いいものもってきたから」。ひびきはポケットからビール瓶の蓋を出しました。

「これ、なかまのしるし。バケモノはね、にんげんにばけるから。これをもっていなかったら、バケモノがばけてる、にせものってこと」

駅前広場に出ると、お店からは明るい光がもれ、たくさんの人が行き交っていました。「ライトなんていらなかったね」と言い合いながら、歩いていきます。なんといっても夜に探検なんて、そうそうあることではありません。

ところが遊歩道に入り、家々を通り抜け、黒々とした木立が見えてくると、だんだんとみんな無口になってきました。

夜の城跡公園は影が固まったように真っ黒で、静まり返っていました。昼間来たときとは、まったく違う雰囲気です。

「ほんとにいくの?」と、かっちゃん。

「うん」ひびきがいいました。「みんな、しるしみせて」

みんな自分の〝印〟を出しました。ところが、ひびきはいつまでもゴソゴソ探していいます。

「……ない、りんごにわすれてきちゃったかも」

えー！　とみんなで大騒ぎしましたが、仕方なく、ぼくの印を渡して、真っ暗な城跡公園に入っていきました。

公園の中は、クマザサの乾いた音だけがあたりにこだましています。昔、土塁だったあとが丘になり、その間を曲がりくねった道が続いています。おしくらまんじゅうのように押し合いへし合い、歩いていきます。

「おすなよ！」「こわいんだもん」「でないよね？」「そういうこといわないで」

上ったり下ったり曲がったりをくり返し、ようやく一巡りしました。

「なんだ、いなかったんだ」。ひびきが安心したようにいいました。

帰り際ぼくがトイレをすませて戻ると、なんだかみんなの様子が変です。ぼくを見ておびえています。ひびきと、かっちゃんが、ひそひそ声で何か話しています。

「どうしたの？　帰ろうよ」。ぼくが近づくと、みんな後ずさりしました。

「おまえはだれだ！」。ひびきが叫びました。

「えーと？　ぼくです。青くんです」

「うそつけ！」

「あのー……」

わけがわからずにいると、ひびきがいいました。

「なかまのしるしをみせろ！」

「ないよ。さっき、ひびきに貸したじゃん」

「やっぱりもってないのか！　おまえ、にせものだな」

「いや、ひびきがさ、なくしたんだよね。だからほら、貸したよね」

「そうだったよ。ひびきにかしてたよ」と、かっちゃん。「でも、なんかいつものあおくんより、あおくない？」

「それは夜で薄暗いからですけど」

なんとか説得して一緒に歩きだしたものの、みんなぼくのほうをちらちらと横目で盗み見ています。

「本物だってば！」

いえばいうほどあやしまれるので、もうあきらめて黙って歩くことにしました。駅前に戻ってくると、かっちゃんがぼくの顔をまじまじと見ていいま

した。

「あ、いつものあおくんにもどった。さっきは、とりつかれていたのかな」

ひびきは、しーっと人差し指を口に当てました。

「ゆだんしちゃだめ」

次の日かっちゃんはバケモノの絵を描きました。ぼくにそっくりでしたが、頭の先から足の先まで、青いクレヨンで塗られていました。

column

子どもが生きている物語を魅力的にする準備

物語的な探求には、かならず動きがあります。ひとつの動きは、次の動きを生み出します。保育者は子どもの活動がひとつの文脈になり、動き始めるのを待ちます。いくつかの「先」を予想し、ときには複数の準備をしますが、保育者の意図ばかり先立つと、単なる誘導に終わってしまいがち。保育者の準備とは、子どもたちの意欲を刺激したり、考える幅を増やしたりするための材料を備えておくことであり、行為を限定するものではありません。

物語は常に、今、ここ、子どもとともに生まれるものだからです。

物語的な探求が生き生きと動き始めるためには、魅力的な「登場人物」「小道具」「舞台」が必要。「バケモノ」をさがしに、「ライトや、ロープや、トンカチや、仲間の”印“」を持って、みなさんの「夜の城跡公園」へ出かけましょう。

雨に唄えば

今日は朝から雨。「畑」の草むらはどこもずいぶん濡れて、しょんぼりした犬のように見えました。ゆうき、このか、かのん、ゆりの、あかり。たったの5人。濡れても遊びたい人だけ、「りんごの木」の畑にやってきたのです。

「バッタ！」

畑の入り口で、かのんがショウリョウバッタをつかまえました。

「カエルもいるかもよ」

あかりは虫あみで、草むらをめちゃくちゃにつつき始めました。

「やっぱり、こなけりゃよかったなぁ」

ゆうきがしょんぼりいいました。

ゆりのは数珠玉をせっせと集めていましたが、「じんじゃに、BBだんさがし

にいきたい」といいました。それでみんなで神社まで行くことにしました。傘を差したりレインコートを着たり。あかりは「ぬれてもいいもんねー、べー」と舌を出しました。

細い路地を抜けていくと、茶色い家の前に出ました。

「ここ、パパととおるときネコいるよ」

このかがいいました。

「きょうはいないね、あめだからかな」

あかりがいいました。

茶色い家はしーんと静まり返っています。突然ゆうきが上を指していいました。「ほら、スッパイダー！」。「スパイダー！」。

「クモのこと？」

「そう、きをつけて。ぼくきらい」

「おじいちゃん、おばあちゃんのとこいくとね」。このかがいいました。「なんでもかってくれる。なんでも。おかねはださないけど、このかがえらぶの」

途中で分かれ道にきました。

「ちょっとみてきます」。ゆうきがかけだしましたが、すぐ引き返してきて叫びました。「ひとんちー！　こっち、ひとんちー！」

歩いているうちに小屋の横に出ました。小屋の天井にはシャンデリアがいくつも飾られています。

「ここ、だれかのしりあいらしいよ」

ひそひそ話していると、中からエプロンをつけた女の人が出てきていいました。

「どこ行くのかな。お散歩？」

ゆうきはそれには答えずにいいました。

「……ここなんですか」

「ここはね、ガラスで灯りを作っているの、お城に飾るようなの」

「きみたち、幼稚園？」

ゆうきはまたそれには答えずにいいました。

「なんにんでつくってるんですか」

「10人くらいかな」

「あれ、おひめさまのうえにつけるのかな」。かのんがつぶやきました。

それから神社に着くと鈴を鳴らしてみることにしました。

「かみさまっておじいちゃん？」「50さいくらい？」「もっとうえでしょ」

「１００さいかな……おーい、おじいちゃーん。おじいちゃんのかみさまー」「さきにやって。ゆりのがいちばんさいごにならしたいんだから」

かのんが綱を揺らしてみましたが、なんの音もしません。

「てつだってあげる」。ゆりのが手を添えて、かのんと一緒に綱を揺らしました。ガランガランガラン。そこらじゅうに大きな音が響きました。

「ＢＢだんがいっぱいふってきますように」。あかりがいいました。「おかしやまにいきますように」。続けて、あかりがいいました。

神社の入り口に狛犬が２匹いました。

「狛犬の口にね、嘘をついたことのある人が手を入れると……痛ったた！ほらね……かまれるんだよ、あーいてぇ」

「あおくん、うそついたことあるの？」

「３００回くらい。入れてみる？　嘘ついたことないなら大丈夫」

「いい、いい」とみんな首を振ります。

「どうせ、それもうそだろ」。あかりがいいました。

「入れてみる？」

「いい、いい」。あかりがいいました。

赤、白、オレンジ、肌色。神社にはたくさんＢＢ弾が落ちています。

またお城のガラス屋さんの前を通ります。ゆりのがいいました。

「もうぬれすぎたから、かえりたい」。ゆりのがいいました。

ミミズがいました。ミミズは気持ちよさそうに道の真ん中で寝そべっていま
す。ゆりのがしゃがみこみました。

「はやくしろー」と、ゆうき。

ゆりのはミミズを木の棒で引っかけて、横の畑へ置いてやりました。

「じんせいはーかみひこうきー」

ゆりのが大きな声で歌います。

「はなやのみせっさきに、なぁらーんだ」

あかりも歌います。

「らーは、らっぱのらー」。ゆうきも歌いだしました。「らーは、らいおんのらー。あーは、あおくんのあー。ちーは、ちんこの……うそです。あ、みんなしずかにして！」

「なんでよ」。あかりがいいました。

「あぶないから。クモがいるとこだから」

「ちいさいのと、おおきいのといるね」

ゆりのがじっと上を見ていいました。

「なんでしずかにしないといけないの」

あかりが聞きました。

「おちてきたら、こわいじゃん」

ゆうきがそっと歩いていきました。

それから畑の小屋の中でお弁当を食べました。ハンカチ落としを５回やりました。このかははじめのうち見ているといってやりませんでしたが、４回目と５回目はやりました。

「じんせいはーかみひこうきー」

ゆりのがまた歌いだしました。雨はそれでも降りやみませんでした。

column

〇〇だから……それってほんと？

雨だから外では遊ばない。雨だから散歩は中止。雨だから濡れたら風邪ひく。

〇〇だから……という、知らず知らずのうちに自分の中で常識になっていること。ぼくの中にもたくさんあります。木に登ったら落ちるから木登り禁止。廊下は走ったらぶつかるから歩きましょう。でも、本当に本当にそうでしょうか。ときには自分の中の〇〇だから……を覆して、ほんとにそうかなと疑ってみる。思いきって子どもとともに行動に移してみると、同じ景色でも新しい出会いや発見が起こりそう。そして新しい風景はきっと心が弾みます。あの名曲『雨に唄えば』も、雨に濡れなければ出てこなかったのですから。

第3章

子どもの言の葉

～子どもの声に耳をすまして～

こころのとびら

きっと、けんけんには、みあんちゃんの気持ちが手に取るようにわかったのだと思います。

けんけんがまだ2番組（4歳児）のときの、運動会のことです。

ぼくが気づいたときには、けんけんは泣きながらお母さんと一緒にリレーを走っていました。前の日まではとても張りきっていたのです。それなのに運動会の本番になったら、どうしてもダメでした。パンくい競走は見ていることにしました。忍者になるのを楽しみにしていたパレードにも、とうとう出ませんでした。どうしてこんなことになっちゃったのか、けんけんにだってわからなかったことでしょう。

リレーが始まりました。順番はどんどん迫っ

てきます。そこでお母さんと走ることにしたわけです。でも走れたからといって、すっきりはしませんでした。

運動会のあと、けんけんはひとりでグラウンドを走り回りました。ほんとはこんなにはしれるんだぞ、はやいんだぞ。家に帰ってからも、ずっと忍者になりきっていたそうです。にんにん、にんぽう、ほら、ほんとはこんなに！

まるで魔法がとけたみたいでした。

季節はめぐり、けんけんは1番組（5歳児）になりました。そしてまた運動会がやってきました。「りんごの木」の大きい組（4・5歳児）は自分たちで運動会の種目を決めます。その年もリレーが選ばれました。けんけんは、はじめのうちこそ不安そうな顔を見せたものの、何度かリレーの練習をやるうちに思いきりよく走りだしました。でもけんけんのお母さんは心配でした。「本番になったらどうなることか」と。

ところがこの年は、けんけんよりももっとずっと走れない、いや走らない子がいました。２番組のみあんちゃんです。みあんちゃんは頑固に地面にすわりこんで、順番がきても走りません。バトンを渡すと投げ捨てます。ギロッとあたりをにらみつけ、ふくれっつらです。まわりの子や保育者がなだめたり、励ましたりしてみますが、がんとして動きません。前年のけんけんは「走れない」でしたが、みあんちゃんは「走らない！」です。さあ、困りました。

そのときけんけんが、みあんちゃんにいいました。

「いっしょにリレー、はしろうよ」

けんけんがそんなふうにいうなんて、驚きでした。でもきっと誰よりも、けんけんにはみあんちゃんの気持ちがわかったのでしょう。もし走らなかったときの気持ちまで。そしてもしかしたら、みあんちゃんを励ますことで、自分を励ましていたのかもしれません。1番組のいまでもまだ少し、運動会が不安な自分を。

けんけんにいわれて、みあんちゃんはうれしそうにちらっと顔を上げました。ところがバトンを渡されると、またしかめっつらに戻ってしまいました。

あすかちゃんが、みあんちゃんにささやきました。

「こころのとびらがしまってるの？」

みあんちゃんは黙って、うなずきました。あすかちゃんはあわてて、りんごの木の大人や子どもたちにいいました。

「みあんね、こころのとびらがしまっちゃってるんだって」

あすかちゃんのおかげで、みんなにもやっとわかりました。みあんちゃんの気持ちが手に取るかのように。ああそうか、それじゃ走れないね。みあんちゃんの心の扉、開くといいね。そう口々に言い合って、その日のリレーは終えました。

みんなにわかってもらえて、みあんちゃんの表情もだんだんと晴れやかになりました。なんだかいまなら走れそう。走ってみる？　とみんなに促されて、部屋の中を走ってみました。走れました！　それから外でも走ってみました。ぐるぐるぐるぐる！　はしれる、はしれる！　はやい、はやい！

運動会の本番、みあんちゃんは走りました。それはそれは、ものすごいスピードで。「心の扉は？」と聞くと、みあんちゃんは両手をぐいっと後ろに回していいました。

「ひらきすぎて、こわれた」

こんなふうなことは、みんなにも心当たりのあることだったのでしょう。やりたいけど、やれない。はじめの一歩がなかなか出ない、というようなことは。運動会のあと、どうして今年はけんけん走れたんだろうね、と言い合っているとき、おんちゃんがつぶやきました。

「それって、おおきくなったってこと？　セミのぬけがらがポロッととれるみたいに？」

セミの抜け殻を手に取るかのように、自分の気持ちにも、隣にいる人の気持ちにも触れながら、みんなでいま、大きくなっています。

column

子どもの言葉を記録のタイトルに

言葉やしぐさ、顔に表れる子どもの心持ちを、日々の保育の中でいかに感じ取るか。そしてそれをいかに記録し、伝えるか。そしてこれは保育者にとって日々の、そして永遠の課題です。ただ漠然と眺め、事実を淡々と列挙しても、今日のあの子の物語は記録されません。なぜ自分がそこに心動かされたのかも伝わりません。

子どもの言葉は、その子の心の手ざわりに満ちています。その子どもの言葉をタイトルに、日々の記録をつけてみてはどうでしょう。

もちろん、しぐさや、表情でもいいのです。大切なのは、あたかもタイトルがつくような物語として、子どもの姿を切り取ること。それはそのままほかの人（同僚や保護者）にも伝わります。子どもたちとの日々の中に、ひとつでもふたつでも物語を見つけられたら、保育がもっと楽しくなりそうです。

しげると、トカゲ

しげるは5歳のときに「りんごの木」にやってきました。しげるが元気のいい子だということはすぐにわかりました。声も動きも大きく、何をしていても目立ちます。走りだすとすごい勢いで、壁や人にぶつかることもありました。相撲も誰にも負けません。でもケンカになると、「ぼくがぶつと、みんながふっとんじゃう」と遠慮しているようでした。それから物をよく投げました。高いところからも落としてみました。しげるは5歳でしたが、2〜3歳のときにたっぷりやっておきたかったことを、早送りのように経験し直しているのかな、と思って、少し離れたところから見ていました。

元気者のしげる、でもぼくはいまひとつ、しげるという人をつかみかねていました。保育者には、その子が見えてくる瞬間、その子に出会う瞬間というものがあります。しげるとの間で、ぼくにはまだその瞬間が訪れていませんでした。ケンカにしても、しげるはまだ自分を十分に出せていないのかも、と感じていました。しげるとの間で、何かが起こるのをぼくは待ちました。

りんごの木には「畑」という、たき火をしたり、穴を掘ったり、木登りをしたりして遊べる場所があります。その畑で、6月のある日、しげるがトカゲを捕まえました。初めて自分で捕まえたトカゲです。その日から毎日しげるとぼくはハエや羽虫を捕まえてトカゲにあげました。

ところが1週間ほどして、しげるが突然、「このトカゲにがす」と言い出しました。理由を聞くと、「こどもだったらかわいそう。おかあさんがまってる」とのこと。「つかまえたばしょでにがす」というので、次の日、畑に持ってきてもらうことにしました。

次の日はいい天気。畑で待っていると、しげるがうつむきながら虫かごを持ってきました。

「トカゲ、うごかなくなった」

虫かごの中でトカゲはぐったりしています。昨日まであんなにすばしこく動いていたのに。死んじゃったね、という言葉をのみこんで、しげるの隣にしゃがみこみました。ふたりでトカゲをかごから出して見つめました。

「かえるのあしと、おなじだ」。しげるがトカゲの前足を指さしていいました。

「めがしんでる」

しげるはふいに立ち上がると、トカゲを草むらに投げようとしました。

「なげたら……だけどかわいそう。にがす？　にがしたら、またいきるかな。

だけどかわいそうだね」

トカゲが死んだのか、死んでいないのか、どうしたらいいのか、しげるにはわからないようでした。しげるにどう声をかけていいのか、ぼくにもわかりませんでした。

「きのうえにおこう。はやくてんごくにいける」

今度はトカゲを持って、木に登りました。枝に引っかけてみたものの、すぐにはずして降りてきました。

「これさ、ねてる？　よるにおきるかな」

りゅうせいと、みちおがやってきました。

「あー、しんだの？　またつかまえたら」と、りゅうせい。

「トカゲのばしょ、いっぱいしってるけど」と、みちお。

しげるは何にもいいません。

「おはかつくってあげたら」と、こっちゃん。

「しんだふりじゃないかな。あさは、にんげんがいっぱいいるから」と、ゆうくん。

しげるは何にもいいません。

「これ、おじいちゃんだったのかな」

小さな声でしげるがいいました。

「みて、おなかがへこんでる。だけどさ、これ、しんでる？」

しげるはそう聞いて、すぐに自分で答えました。

「……しんでる。ゆるゆるになってる」

本当に、トカゲの体は昨日までとは違って、ぐにゃっとしています。それから、あっ！　と小さな声をあげて、トカゲの目の横を指さしました。

「ここ、あなぼこあいてる！　だから、しんだ」

あとで調べたら、それはトカゲの耳だということでしたが、確かに目の横に小さな穴があります。

かんたがやってきました。

「しげる、ざんねんだね。ちょっとかしてごらん」

かんたはトカゲを両手で包みこむと、唱え始めました。

「こおりーおーに、とーけーた。えーとね、うごくはずなのに。こおりーおーに、とーけーた。あれ？　まってて、ごはん、たべさせるから」

しげるはきっぱりといいました。

「だめ、しんでるから」

それから畑のすみっこに歩いていくと、草むらに向かってトカゲを投げました。投げたあとの草むらをしばらく眺めていました。そして静かにいいました。

「いきてたらツルツルにげるね」

しげるはみんなのほうへ歩きだしました。

「だけど、しんだふり？　おれ、エサちゃんとあげてたよね。なんで、しんじゃったか、いみがわからない」

怒ったような声でした。ぼくは「そうだね」と答え、しげるの後ろ姿を見送りながら、そっと離れました。

ひとりの子どもと出会うとき、そこには必ず物語があります。物語はそれを見ている保育者と子どもとの間で起こるものです。しげるとトカゲとぼくの物語。子どもたち一人ひとりの物語は、保育者にとっても何らかの意味を投げかけています。

column

子どもとの距離感

保育者は子どもとの距離をそのときどきで変えながらかかわります。その距離には「遠」「中」「近」の３つがあります。

「遠」は、子どもたちの場全体を望遠で見ているとき。集団の動きを見通したり、個々の状況を俯瞰《ふかん》したり。すると、何か注意を引くことが表れ、視点をフォーカスしていきます。

「中」は、ひとりの子ども、ひとつの出来事に関心を傾けつつも、言葉をかけたり、かかわったりはしない状態。その子どもがどうするのか、じっと見守り、かかわるときを待ちます。

そして「近」。その子の隣に行って言葉を交わしたり、手をつないだり、遊んだり、具体的な行動に移ります。

保育者にとってこの距離感を適切に測ることは大切です。あまり性急にかかわると、その子自身の動きや表現の芽を摘んでしまいかねません。また近づくのが遅いと、その子が示している表現をすくい取るタイミングを逃してしまいます。伸び縮みするゴムのように、近づいたり、離れたり、子どもとの距離を切り替えながらかかわる必要があります。

ミミズさま ～「りんごの木」のミーティング～

「りんごの木」の大きい組（4・5歳児クラス）はみんな揃って60人。ひとつの部屋には入りきらないので、ふたつの縦割りグループに分かれています。公園が近い「こうえん」グループ。部屋の前の広場に時計がある「とけい」グループ。とりあえず保育者がそれぞれのグループの名前をつけました。

こうえんグループは毎日探検に出かけて、泥んこで帰ってきます。とけいグループは、大きなビニールプールにお湯をためて温泉ごっこをやったり、ミミズを集めて釣りに出かけたりします。運動会のリレーではグループで競い合い、こうえんグループが勝ちました。

そのうち、こうえんグループの子どもたちから「おとながきめたなまえじゃなくて、じぶんたちでグループのなまえきめたい」と話があり、グループの名前を話し合うことになりました。新しいグループは「はなび」という名前になりました。

その話を聞いた、とけいグループの子どもたちがいいました。

「むこうのグループ、なまえかわったって。はなびだって」

「こっちもじぶんたちできめたい」

そこで、とけいグループも自分たちで名前を決めることになりました。朝からたっぷり遊んで、11時過ぎに椅子を車座に並べて話し合います。りんごの木ではこれを「ミーティング」といいます。どんな名前がいい？　とあちこちから声があがります。

「でんしゃぐるーぷ！」

「おしろ！」

「サメだよ、サメ」

「イルカがいい」

「えいが！」

いろんな名前が挙がりました。あれがいい、これはヤダ……、すったもんだのあげく、「おしろ」「よる」「ながれぼし」「えいが」の４つに絞られました。

さてどう決めよう。次の日もまた話し合います。

「おにきめ、できめよう」

「じゃんけんだよ」

「いやだ、じゃんけん、まけるもん」

「ばばぬき」

「じじぬき」

「やりかたわかんないよ、それ」

「かるたできめたい」

「ぼうたおし」

「かみひこうきをとばして、おちたところできめる」

「くつなげ」


決め方でももめて、なかなか決まりません。

「はなびグループのひとにきめてもらう」。ここちゃんがいいました。「はなびグループぜんいんで、じゃんけんしてもらって、さいごにかったひとにえらんでもらう」


自分たちで話し合っていても決まらないから、もう一方のグループの人に決めてもらおうという提案です。

「はなびグループのひとに、ぼうたおしできめてもら

う」。続けて、しゅうじがいいました。

「おばけにきめてもらう」。こうきがいいました。「(グループのなまえをかいた) かみと、ぼうと、おいておいて、あさきたら、おばけがぼうをうごかしているから、そのぼうがさしているグループのなまえにする」

「おばけいなかったらどうするのよ」

「おはかにしかいないよ」

「こうき、夜のお墓に行けるの？」

「あおくんとか、りんごのおとながいっしょなら」

「えー (やだな)」

わいわいいいあっていると、ゆうきがいいました。

「ミミズにきめてもらう」

ちょうどその時期、釣りの餌にするためにミミズが欲しくて、りんごの木の玄関に「みみずください」という張り紙をしていました。近所の子どもたちがくれたり、自分たちでも集めたりして、ミミズだけはたくさんいます。

おばけはいなくても。

「おばけのかわりに、ミミズでもいい？」とこうきに聞くと、「うん、まあ、いいよ」とのこと。じゃんけんなど勝ち負けがあるものは嫌だとのこと。ほかのみんなも賛成しました。

小さな箱の底に線を引いて4つのマスに分けました。それぞれのマスに、「おしろ」「よる」「ながればし」「えいが」と書きます。一番元気のいいミミズを選んで、箱の中に入れます。紙で封をして、帰りまで待ちます。そして、ミミズがどこに動いているかで決めることになりました。

封をする寸前、しゅうじが横からミミズにいいました。

「えいが!」

「えいがグループを選んでもらうように、ミミズにお願いしたの?」

「うん」。しゅうじがうなずきます。

それを聞いていた、わかちゃんも横からいいました。

「おしろ!」

さて帰りの時間になりました。みんなでどきどきしながらそっと封を取ってみました。ミミズは「おしろ」のマスに移動していました。

めでたし、めでたし。こうしてグループの新しい名前は「おしろ」に決まりました。

column

結論はいらない　自分の言葉を伝える場

ミーティングとは

りんごの木の大きい組（4・5歳児クラス）では、毎日「ミーティング」を行っています。朝からたっぷり遊んで、11時過ぎに椅子を車座に並べてすわり、いろいろなことを話し合います。

話のきっかけづくりは主に保育者が行いますが、回数を重ねるうちに、子どもたちからも話題が投げかけられます。

「きょう、おかあさんがさぁ……」
「さっき、ケンカしたんだけど……」
「こうえんに、バッタがいてね……」

家であったあれこれ、友達とのケンカやトラブル、今日こんなことして遊んでいたよ、など、話題はそのときどきでいろいろ。なにがなんでも結論を出さなくてはいけない「会議」ではなくて、井戸端会議のような、ごちゃごちゃした「寄り合い」です。１日１回のこの寄り合いを通して、子どもたち同士、一人ひとりの個性を感じ取り、仲間として育ち合っていきます。

column

保育の中で行う意義

子どもは、多くの場合、表情や行動を通して自分の感情を表します。ただ言葉が発達してくると、4歳くらいから自分の思いや考えを言葉でも表現しようとし始めます。「思いを言葉にして伝えたい、わかってほしい」という欲求、言葉という共通の表現手段でコミュニケーションをとろうとする意欲は強くなります。さらに言葉で思考することが始まり、話し、考え、言葉を使ってともに考え合うことで、お互いを高めることができます。

話し合う、伝え合う、考え合う場として、4・5歳児からのミーティングが有効だと考えています。

ミーティングの前提

ミーティングを行う前提として、保育の場で子どもたちが自分の本音と感性をそのまま表現できていることが必要です。周囲の大人たちの顔色を見て、自分の行動を抑えることに慣れていると、言葉での表現においても、同じように大人の評価を察してしまうからです。自分を遠慮せずに表現することに慣れていてこそ、言葉という手段を使ってもストレートに表現できるのです。本音で生きているからこそ、本音を語れる。これがミーティングの大前提です。

言葉をこえて

遠足帰りの電車でのこと。ゆうたの隣にすわりたいという子が3人いました。こうきに、かんたに、たつき。でもふたりしかすわれません。

ゆうたがいいました。

「ひとりは、かんた。もうひとりはジャンケンできめて」

「どうしてかんただけ、ジャンケンなしなの」と聞いてみると、「なかよしだし、やくそくしたから」とのこと。

こうきとたつきでジャンケンすると、こうきの勝ち。こうきは、ほくほくした顔で、ゆうたの隣にすわりました。たつきはぷいっと少し離れたドアのところに行き、ゆうたのほうをじっと見ています。とても悲しそうな、恨めしそうな目です。うっちゃんが席を立って、たつきのところへ行きました。

「りゅうしんのよこ、あいてるよ」

うっちゃんは一部始終を見ていたのです。それで、たつきとよく一緒に遊ぶ、りゅうしんの隣はまだ空いてるよと伝えたのです。

「いい」。たつきは怒った声でいいました。

「りゅうしんのとなり、いま、すわれるよ」。うっちゃんはもう一度いいます。

「すわりたくないの」。たつきがいいました。

それ以上は何もいわず、うっちゃんは、たつきの横に立っていました。

探検に行った日の、お弁当のあとのこと。ふと見ると、めぐちんがひとりでぽつんとしています。

最近はお弁当のときも、遊びのときも、ちぃちとぴったり一緒にいるのに。何かあったかな……。めぐちんの表情を見ると、ケンカのあとの顔ではありません。でも、どこか寂しそうではあります。不思議に思い声をかけました。

「お茶飲む？」

「うん」

ふたりでベンチにすわり、水筒のお茶を飲みます。

「ちぃちは、どこ行っちゃたかね」とぼくがいうと、「わからない」とめぐちん。

「向こうにいるかもよ。行ってみる？」

「いい」

ちぃちが何もいわずに行っちゃったことを怒っているのかな。だから自分から行ってなんてやらない、ということなのかな。

ちぃちはなんで何もいわずに行っちゃったんだろう。たまたま……それともさっきのあのこと？

探検して斜面を登っているとき、先に登ったちぃちが、めぐちんに手を差し出した。めぐちんはそれを「いらない」と断った。ちぃちは差し出した手の引っこみがつかず、「あくしゅ、あくしゅ、へへへ」とその手を振ってみせておどけた。

……あれが、ちぃちの心にひっかかっていたかな。でも、そんなことでこんなふうになるものだろうか。どうもよくわかりません。

りょうせいがやってきて、ぼくの隣にすわりました。それからつぶやきました。

「すみれちゃんはあみものかぁ。めぐちんはたんけんだし」

りょうせいは寂しそうなめぐちんを感じ取ったのでしょう。そして、めぐちんと仲のよいすみれちゃんのことを思い出した。けれどすみれちゃんは編み物をするために、「りんごの木」に残っている。めぐちんは探検に来ている。友達と離れているから、めぐちんはひとりぼっちなのかなと、りょうせいは思ったのでしょう。

ちぃちが戻ってきました。特になんてことない表情をしています。めぐちんは、ちぃちに近づくと、一緒に遊び始めました。

かくれんぼをしていたときのこと。

「なんで、さがさないんだ！」と、りょうせいが怒って草むらから出てきました。

りょうせいがまだ見つからないのに、鬼役のあきとは早々にやめてしまったのです。

「みつからなかったんだもーん」

あきとは踊りながら、りょうせいの怒りを受け流します。

「みつかるまで、やめんな！　がんばってさがせ」

りょうせいはさらに怒ります。あきとは「むずかしかったんだもーん」と踊っています。

りょうせいはあきとを睨んでいます。ケンカをしてもあきとにはかなわない。だから飛びかかることもできません。

るいが申し訳なさそうに、りょうせいに近づいていきました。るいも、かくれんぼをしていたのです。申し訳なさそうな顔をしたまま、りょうせいと同じほうを向いて、何をいうでもなく横に立っています。

しばらくそのまま時がたちました。りょうせいの目からぽろぽろと涙が落ちました。

「だってさ……ずっと、かくれてたんだよ」。りょうせいがいいました。

「うん」。るいがうなずきました。

column

子どもの風景をともに見る

言葉には外言と内言があるといわれています。内言とは声に出さずに心の中でつぶやかれる言葉で、外言とは声に出す伝達のための道具としての言葉です。子どもの場合、内言がそのまま外言になって出てきたり、内言が身体の向きや身の置きどころなど、身体的に表されたりすることもしばしばあります。

また隣り合った子ども同士の心持ちが共感に満ちあふれているとき、いわば心情的にリンクしている場合は、隣にいる子の内言を外言としてつぶやくこともあります。「どうしたの？」と踏みこんで野暮なことを聞いたりはしないし、「かわいそう」と安易に慰めたりもしません。子ども同士のかかわりはまさに「粋」です。

世界に
ひとつだけの歌

「りんごの木」では卒業する子ども一人ひとりに、歌を贈ります。保育者たちが膝をつめてその子について語り合い、歌詞と曲を作ります。世界でひとつ、その子だけの歌です。

みきちゃんは4歳のとき毎朝ぷんぷん怒りながら、りんごの木に来ていました。眉間にはしわが寄っています。リュックを置いても、しわは消えません。ぴりぴりとして誰とも口をききません。

みきちゃんがなんでそんなに気難しいのか、どうすればいいのか、お母さんにも、りんごの大人にもわかりませんでした。みきちゃんにだって、わからなかったはずです。かたくなに、かたくなに、何かを抱きしめている。そんな感じがしました。その気難し屋さんの奥に、気弱な心があることも感じ取れました。

それがいつからかだんだんほどけて、みきちゃんは気難し屋さんではなくなりました。かえって、ふんわりとやわらかい人になりました。

朝、みきちゃんがりんごに来ると、友達がかけ寄ってきます。みきちゃんの着てくるふわふわのセーターに、ぎゅっと抱きついて、「みきー!」と出迎えるのが毎朝の光景になりました。みきちゃんは照れたように笑って、とてもとてもうれしそうでした。

まつもと みきちゃんの歌

ぎゅっと　だいていたもの
だれにもみせたくないの
そっとしておいてね
わたしにもまだわからないの
ぎゅっと　だいていたもの
だれにもみせたくないの
そっとしておいてね
じぶんでみてみたいから
　ひだまり　おひさまのにおい
　そとはもうそんなにさむくない
　ドアをあけてみよう
　やわらかな　みきのままで
ぎゅっと　だいていたもの
てのひらに　のせてみた

まっしろな　まっしろな
やわらかな　わたげ
　ひだまり　おひさまのにおい
　みきのまっしろな　わたげ
　みんなが　かけてきて
　みきに　ぎゅっとだきついた

　せらくんを歌おうとしたとき、ぼくはやっぱり彼のやさしさを歌にしようと思いました。せらくんが、自分のやさしさに悩んでいることを知ってはいながら。人の気持ちを汲むことが自然で、誰に対してもやわらかい人でした。人の気持ちがわかる分、自分の気持ちとの違いからくる葛藤も、また大きいのです。ぼくはこう思うけど、あの子はそう思ってないし、でも……。そんな葛藤を抱える、せらくんが、ぼくにはとてもまぶしく感じられました。「～って、思ったの？」「～って、気持ちだったのかな？」が口癖で、せらくんのまわりには、いつも年下の子たちがにこにこと寄っていきました。そのままでいいんだよ、という思いをこめて、歌を贈りました。

うえだ せらくんの歌

せらのやさしさを　なにに　たとえよう
たとえば　うみ
はるうらら　のたりのたり　なみうつ　うみ
くもが　わきたち　かもめが　とんでいく
めをとじて　みをまかせたい
せらのとなりで　はるのうみをおもう
せらのやさしさ　うみのよう

せらのやさしさを　なにに　たとえよう
たとえば　そら
はるうらら　うっすらと　かすみたつ　そら
くもが　ほどけて　ひばりが　さえずる
くちぶえふいて　はしりだそう
せらのとなりで　はるのそらをおもう
せらのやさしさ　そらのよう

「さよならー」。みんなが出ていったあとの部屋に、今日も、あみちゃんの水筒や、靴下が置き忘れられていました。だって、あみちゃんはそれどころではないのです。友達としゃべるのに夢中だし、通りがかりの犬をなでに行きたいし、泣いている子の膝をさするのに忙しいのです。あるときは、大きなカエルをこっそりリュックに詰めて持って帰ったこともあります。どうしても自分で飼いたかったんです。こんなすてきな一秒一秒を送っている、あみちゃんの心は大忙しでした。

はせがわ あみちゃんの歌（抜粋）

いま　うたってるとこ
いま　おどってるとこ
いま　わらってるの
いま　ないてるの
　あみのこころは　おおいそがし
　わすれものだって　きにしない
　すいとう　くつした

うわぎ　かさ
かってに　あみに　ついてきて

一人ひとりの子に、たくさんのエピソードがあり、いろいろな場面が思い出され、どれを歌にしようか迷います。でも送り出すときに、保育者が抱く思いは、あおいくんの歌の最後の一節に尽きるのではないでしょうか。

ふじよし　あおいくんの歌（抜粋）

なあ、あおい
おぼえているか、
あのときのあさを
りんごなんて
きらいだって
へやをとびだした
　なあ、あおい
　おれたち、なかまになったよな

column

多くのエピソードから　その子を象徴する言葉選び

　言葉にはふたつの種類があります。「どうして」の言葉と、「どんなふうに」の言葉。「どうして」の言葉は、分析や説明に向いています。一方、「どんなふうに」は感情を表現するのに適しています。「どうして楽しいの？」と聞かれたら、その理由は説明できます。でも「どんなふうに楽しいの？」と聞かれたら、比喩を使ったり、言葉を捨てて踊ったりして、表現するしかないのです。

　歌は、「どんなふうに」の言葉です。歌は語りかけ、くり返し、彩りのあるイメージを描きます。りんごの木では、歌を通して、一人ひとりの子どもがどんなふうに大きくなってきたかを表現します。もちろん歌でなくてもいいのです。踊っても、何かを作っても、描いても。

　いろいろあったエピソードの中から、ひとつのイメージに集約するとしたら何でしょう。比喩を使って、ひとりの子をたとえるとしたら、何でしょう。巣立っていく子どもたちに語りかけるとしたら、どんな言葉でしょう。

ごめんねポスト

かんたは歌うのが好き。ほたかは大声でお店屋さんごっこを仕切るのが好きでした。かんたもほたかも4歳で、どちらも元気いっぱいでした。

少し前からほたかは、かんたのことが気になっているようでした。でも、どう声をかけたらいいのかわかりません。かんたと遊びたいのか、気に食わないのか、両方なのか、それもよくわからないようでした。

ある日、ほたかが散歩から「りんごの木」に帰ってくると、かんたが跳び箱の上に乗って、いい調子で歌を歌っていました。

ほたかは近寄っていくと、いきなりかんたを突き飛ばしました。

「かんたなんか、だいっきらい！　もう、あそんでやらない！」

かんたは跳び箱から転げ落ち、大声で泣きました。まわりにいた子どもも大人も、わけがわかりません。とりあえず、かんたのひじをタオルで冷やしながら、ほたかにわけを聞こうとするのですが、ほたかは「かんた、うたってるばっかりで、だいっきらい！」と泣き叫ぶばかりです。

タオルで冷やすうちに、かんたの痛みもとれ、ミーティングの時間になりました。みんなで椅子を並べて車座にすわります。先ほどあったことを、ほかの子どもたちにも話し、もう一度ほたかにわけを聞いてみました。

「かんた、うたばっかりうたってる。もうあそんでやらない」

　ほたかがいいました。

「なんで、なんにもしてないのに、おすのよ。かんたすっごいいたかったんだよ」

　かんたも大声で言い返します。

「うた、うたってるんだもん！」

「うたってるのがなんでいけないのよ」

「うたばっかりうたってて、ほたかのいってること、きいてくれないから。もう、だいっきらい！」

　そこで、ほたかに聞きました。

「ほたかは、かんたになんていったの？」

「すきって、いった」

　かんたは、きょとんとしています。

「そんなのきいてないよ」

「かんたがうたってばっかりで、きいてくれなかったの。だからおこったの」

　やっとわけがわかりました。

「どうして、ほたかはかんたに、好きっていおうと思ったの」と聞くと、

「かんたのこと、きらいだったから。だけどすきっていったら、すきになれるかとおもったの」

そこで、そうすけがいいました。

「かんたもほたかも、ごめんねっていって、けんかをおわらせて、それからまたすきっていったら？」

「そうする」。かんたがいいました。

「ほたか、すき」

ほたかはぷぃっとそっぽを向いていいました。

「きらい！」

どうやらほたかの気持ちはすぐには変わらないようです。

「ゆうびんやさんに、おてがみをはこんでもらったら」

しげるがいいました。

「そうする」

かんたはいいました。

「どようびにかくから」

数日後、かんたのお母さんが連絡ノートで知らせてくれました。かんたからほたかに手紙を書いた、と。ドラえもんの絵の横に「ほたか、だいすき」という言葉が添えられていたそうです。ほどなく今度は、ほたかからかんたに手紙が届きました。手紙にはこう書かれていました。

「かんた　すき　ほ（ほたか）より」

そんなやりとりがあってしばらくして、ほたかが「ポストをつくりたい」といってきました。端材を集めて、ぼくとほたかとで、トントンカンカン、くぎを打ちました。1日かけてようやくできあがったのは、ちょうどほたかが抱えられるくらいの、小さなポストでした。

ほたかは大事そうにポストを抱えて、「てがみ、いれたいひといますかー」と大声で歩き回りました。

「なんでポスト作ろうと思ったの？」

ほたかに聞いてみました。

「だって、ほたかとか、みんなも、てがみいれられるでしょ。『ごめんね』とか、かけるでしょ」

column

布に石を置くように子どもの心を俯瞰してみる

子どもの行為の中には、すぐにはその意味が把握しづらいものがよくあります。単純な因果関係で結びつけたり、正しい、正しくないと評価を下してしまうと、子どもの感じていることの全体像が見えてきません。

布置《ふち》（constellation）という心理学用語があります。布に石を置くように、一つひとつの行為や言葉やエピソードを、因果関係や評価を交えずに置いてみる。すると、その置かれた石たちが「図」として浮かび上がってくる。

ときにはこちらから「なぜ？どうして？」と問いを投げかけてみます。すると深みのある感情が出てきたり、ひとつの行為が以前の行為に対してのリフレクションであることがわかったりします。constellation には星座という意味もあります。目の前の子どもの行為や言葉や表情が、どんな星座の図を描きつつあるのか、目を凝らしていきたいです。

第４章

あなたも
保育者になれる

あなたも保育者になれる

おなかの弱い子どもだった。おまけに学校まで遠く、30分ほど歩かなければならない。友達がどんどん歩いていくのに、腹痛がおさまるまでひとり道ばたにすわりこむこともしばしばだった。すわりこんだらすわりこんだで、走っていく車の

数を数えたり、道ばたの草をじっと見つめたり。そうするうちに登校中だということも忘れてしまう。ぼくは、学校にたどり着くということさえ、なかなか難しい子どもだった。

「大器晩成！　気にしない気にしない」

母は口癖のようにそういってくれた。たとえぼくが忘れ物を月に60個しようとも、ランドセルを２回なくそうとも。

それはぼくにとってはお守りのような言葉だった。それで安心してしまったわけではないけれど、ぼくは道ばたにすわりこみ続けた。

道にすわりこむと、自分以外の人やものが流れていくのがわかる。走り去る車、歩き過ぎていく人、風や雲やアリたちも。流れていく世界の中で、自分だけがすわりこんでいる。

それはまるで時の流れに碇《いかり》を下ろしているような気分だった。

そんなぼくが保育者になって幾年月。ある日ふと見ると歩道橋の手前で、しゅうちゃんがすわりこんでいた。声をかけると、「みんなとはぐれちゃった」と泣いている。

ほかの保育者が来ていった。

「みんなとソリを買いに行くつもりだったんだけど、出発するときに、しゅうちゃんがよそへ走っていって『行かない』っていったから、みんな行っちゃったんだよ」

なるほど。でもいま大切なのは事実がどうだったかということより、しゅうちゃんが「はぐれちゃった」と泣いていることなのかもしれない。

「一緒に追いかけてみようか。たぶんコーナンだよ、コーナン（近くのホームセンター）」

「うん」と、しゅうちゃん。

それでふたりで歩いていく。しゅうちゃんはブロックで作った飛行機を持って。その車輪がときどきぽろりと落ちる。

「あ、まって！」

落ちるたびに、しゅうちゃんはすわりこむ。車輪をはめるとまた歩きだす。

歩道橋を下り、小さな横断歩道を渡り、駅前広場を過ぎて、駅に入っていく。

コーナンは駅のそのまた向こう。

「あ、まって！」

よく落ちる車輪。立ったまま待つけれど、なかなか直らない。見ると、しゅうちゃんはこれをあっち、あれをこっちと熱心にブロックを組み直している。けっこう時間がかかりそう。ぼくも隣にすわりこむ。

目の前の本屋さんから人が出入りする。改札からもたくさんの人がぞろぞろ出たり入ったり。どこへ入り、出ていくにしても、駅を歩く人たちは気ぜわしそう。地べたにすわってブロックをばらしているぼくらを、じろじろ見ながら通り過ぎる人もいる。でもぼくらから見えるのは、いろんな靴がいろんな音を立てて通り過ぎていく、その風景だけ。世界にはこんなにいろんな靴があって、いろんなほうへ人を乗せて動いている。

ぼくは子どものころのことを思い出す。道にすわりこんで、碇を下ろしていたときのことを。いろんな場所に行き、いろんな人に会った。受験も、就職も、結婚もした。それらはそれぞれのおかしみと苦みをぼくの中に残して、ぼくはぼくなりに大人になった。けれどいま、しゅうちゃんとすわりこんでいると、ずっとあのときのまま、道にすわりこんで碇を下ろしていたような気がしてくる。ぼくの中の子どもはずっと生き続けていたのだ。

「よし！」と、しゅうちゃんがいって歩きだす。長い長いエスカレーターを降りる。

「よくみてないとあぶないよ」。しゅうちゃんがいう。

「さいごは、すいこまれちゃうから」

「吸いこまれるとどうなるの」

「ぐるんぐるんって、エスカレーターといっしょにまわっちゃうよ。ぺらんぺらんになっちゃう」

ようやくホームセンターに着く。しゅうちゃんはバーベキューセットの網の上の伊勢エビ（ニセモノ）をいじり、学習机の地球儀をぶんぶん回す。レジのところでやっと子どもたちと会う。

「あれ？　なんで、しゅうちゃんいるの」

「はぐれちゃったから。こら、おれをおいていくなよ」

眉をつりあげて、しゅうちゃんがいった。

column

待つ・飛びこむ・出会い直す

保育の世界では「待つ」という言葉がよく使われます。子どもの活動を保育者が待つ、あくまで子どもと保育者とは別のところにいて、保育者は受動的であるという印象を受けます。ただ、ぼくらが子どもの活動に興味を覚え、隣り合い、まなざしの共有が起こるとき、そこにはこちらとあちらという別はありません。

保育における「待つ」という行為は、子どもの活動に興味関心を覚え、その空間・時間に飛びこんでいくという、徹頭徹尾、積極的な行為にほかなりません。

そしてそこで私たちはしばしば懐かしい子ども、子ども時代の自分に出会い直すのです。

スマホやめました

メールが来る。SNSメッセージが来る。誰かが「いいね！」を押している。ああもう時間がない。8時にはFB（フェイスブック）ページを更新しなくちゃ。

スマホを手にしてから時間の流れが速くなった。常に誰かが扉を叩く、その音がいつでも手元から聞こえてくる。

ニュースサイトのトピックスを見る。へえ、香川がゴールしたんだ。3秒で次へ移る。今日の天気は午後から雨か。3秒で次へ。FBページを開いて、昨日アップした記事のリーチ数を確認。3424。まあまあだな。3秒で次。

電子信号の先で、人々が呼吸し、ものを食べ、電車に乗っている。ぼくはその誰かに向けて、何かを放つ。やがて信号が届き、その誰かはぼくの信号を流したり、返信したり、苦笑したりする。電子を介して、誰かにつながっている。でも本当にそうだろうか。
つながりが広がれば広がるほど、「青山誠」というぼくの名前は記号になっていく。誰もぼくの名前を呼んでなどいないのだ。それは秒単位で消化される情報でしかない。
どんどん時間の流れが速くなる。チクタクチクタク。３秒、４秒、５秒。どこかで秒針の音がする。

それで、保育に入っていく。スマホをスリープにする。かばんにしまう。さっき送ったメールが気になる。８時にあげた記事の反響はどうだろう。今日アダプター忘れちゃったな。帰るまでにスマホの電源切れたらどうしよう。ああ、だめだ、だめだ、こんなこと気にしてちゃ。「りんごの木」の洗面所で顔を洗って、帽子をかぶり、外に出る。

ちっちが、道にすわりこんでいる。何かを見つめているような、ただのんびりしているだけのような、手持ちぶさたのような。ぼくも、ちっちの横にすわりこむ。

「ちっち、おはよう」

　ぼくが声をかけると、ちっちは両手で顔を隠しちゃう。恥ずかしいのかな。

「ちっちー」と、ちっちの顔を両手で包んでみる。ちっちは笑って逃げちゃった。追いかけてほしいのかな。追いかけていって、「どすこい、どすこい」と相撲をとろうとすると、ちっちは「んーん！」といってぼくの手を払いのける。そうだよなぁ、相撲はあんまり好きじゃないよね。

　今日は造形をする日。石けんを竹ぐしや、ヘラで削って、粉にして、シャボン玉を作る。ちっちの前にも持ってきて、石けんを削る。ちっちはときどき、石けんの粉をつまんでみているけど、つまらなさそう。

　コップに粉を入れて、お湯でまぜる。それをストローで吹いてみる。ストローをくわえたぼくを、ちっちは不思議そうに見ている。しばらくして、ストローの先からシャボン玉がふくらんでくる。

「おっ！」と、ちっちがいう。びっくりした？　ゆっくりゆっくりシャボン玉をふくらます。

「おっ！」。また、ちっちがいう。大きくなってきたね。どんどんふくらませて、ふーっとシャボン玉を飛ばす。

「あー！」。ちっちが大声をあげて、手を叩いて笑う。ほんとだ、飛んでいったね。

ちっちが、ぼくの口にストローを持っていく。もう一回やろうか。ゆっくりゆっくりふくらませる。「あー！」。シャボン玉が飛ぶ。ちっちが手を叩いて笑う。

それから雨が降ってきた。バケツを置いておくと、水がたまる。ちっちは、その水に手を入れてみる。でも、すぐに抜いて自分の手を見つめている。冷たいって思ったのかな。濡れた指をじっと見て、ちょっとなめる。ぼくのほうを見て笑う。なめてみちゃった、っていってるのかな。ぼくも手を入れてみる。なんだ、そんなに冷たくないや。それからちょっとなめてみる。味しないね、ちっち。

ちっちといると、もう時間の流れる音は聞こえてこない。ただ雨のやわらかな音がするだけ。そこにあるのは、ちっちの時間。そこにあるのは、ちっちとの時間。

そうだ、スマホやめよっと。

column

子どもとの時間に入っていくために

大人の生活時間と、子どもの時間はスピードが違います。ましてや、スマホを手にし、情報消費社会に浮かんでいると、時間の流れは細分化され、一秒一秒がますます速く過ぎ去っていきます。情報を消費しているつもりで、ぼくらが情報に消費されているのです。

入眠儀式なんてものがあるように、イチロー選手がバッターボックスに入るときに決まった動作をするように、保育の時間に入る前に、ぼくにはいくつかの儀礼的な行為があります。そうすることで、子どもたちとの時間に、自分の時間を合わせていこうとしているのだと思います。息を吐く、保育室の前の広場をぐるっと回る、子どもの隣にすわりこむ。そんなにむずかしいものではなく、何かに触れ、身体を整え、その日を保育者として過ごす「心づもり」をしているのです。そして子どもとの時間に入っていくのに、大きな差しさわりとなるもの（ぼくの場合はスマホでした）があれば、それはあきらめるほかないのです。

大人のくせに

今日は、ひびきとザリガニ釣りへ行こうと決めていた。

いまひとつ元気がなく、手持ちぶさたに戦いごっこ。居場所も定まらない。何かきっかけが欲しい。ひびきの心が弾むような何かが。

前にザリガニを釣ったとき、すごく喜んでいたっけ。今日も「ひょうたん池」に出かけよう。ひびきとじっくり遊べるように少人数で。

「ザリガニ釣り行こう」。朝一番で声をかけたら、「いいよ」と、ひびき。

小さな声で呼びかける。「ザリガニ釣り行くけど、行く人いますか（いなくてもいいけど）」。4人いた。このくらいならいい。一緒に組んでいる保育者にわけを話し、了解ももらった。しめしめ。

遊歩道を歩いていくと、「りんごの木」4・5歳児のもうひとグループ、青グループの部屋がある（ぼくたちは赤グループ）。部屋の前で、ゆうくんに声をかけられた。

「どこいくの」

「ちょっとそこまで」と、ぼく。

「なにしにいくの」と、ゆうくん。

「……ザリガニ釣り」

「いきたい」

えー、やだな（ともいえないし）、どうしよう。青グループの保育者の、まつもが来た。

「ザリガニ釣り行くの？　おーい、ザリガニ釣り行くってー」

いや、あの、嫌なんですけど。でももうわらわら集まってきた。

「こうきも、いく」

「じゃ、青グループの大人も誘ってくれる？（ぼく、ひびきと遊びたいんだから）」

それでめでたく、さっちゃん（青グループ保育者）もついてきてくれることに。

糸にスルメをつけて池にたらす。ひょうたん池は今日も濁っている。ウシガエルのボーッ、ボーッという低い声が聞こえてくる。ザリガニはさっぱり釣れない。

「なんだよー」と、ひびき。

このままでは心が弾まない。濁った水の中をじーっとのぞく。石の下にスルメを潜らせる。泡がぷくっと浮かんだあたりに糸を動かす。やっぱり釣れない。

そのとき、近くの水面に顔を出したウシガエルと目が合った（気がした）。網をパッと振り下ろす。ザバッ。グググ。すくい上げると、泥の塊の中にウシガエルがぴょこぴょこ跳ねた。

「やったー！」

子どもたちが集まってくる。

「うわ、おっきい」と、はーちゃん。

通りがかりのお姉さんも寄ってきた。

「なぁに、それ」

はーちゃんが親切に両手でつかんで見せてあげる。

「ギャー！」といいつつ、写真を撮るお姉さん。

さっちゃん（保育者）は、トイレに行きたくなった子と先に帰った。大人はぼくひとりか。まあ、いいや。ウシガエルも手に入れたし、あとはのんびりしていよう。

時間になり「かえるよー」と声をかけると、「かえるねー」と、ともちゃんがずんずん帰っちゃう。

「まってー」と大声で呼び止め、追いかける。ウシガエルの入ったバケツを持って。

「なんでよ」と、ともちゃん。

「かえるんだから」

そうだけど、子どもだけで行かないで。おや、こうき、はーちゃん、ゆうくんがいない。あわてて引き返す。ウシガエルのバケツはとりあえずそこらに置く。

３人は隣の池でしゃがんでいた。

「おーい、かえるよ」

「さっききいた」と、こうき。

「聞こえてるのに、いなくなるなよ」と、ぼく。

「アメンボ、つってんだぞ」と、ゆうくん。

なんとか連れて、みんなのところへ。

「あおくーん」と、ともちゃん。

「カエルにげた。あはは」

見ると、カエルがビヨーン、ビヨーンと跳びはねている。ビヨーン、ビヨーン、ぼちゃん。カエルは池の中に逃げちゃった。

ぼくは、ともちゃんとはまだそれほど仲よくない。だから強くいえない。

「笑ってる場合じゃないよー」と力なくいう。だけど振り向いて、こうきにはいう。

「おい、こうきたちのせいで、カエル逃げちゃったろ！」

こうきとは割と仲がいいのだ。

「なんでだよ。おれたち、にがしてないよ」と、こうき。

「おまえらがいなくなるから」

「かんけいないだろ。バケツにちゃんとアミかぶせておけよ」

人間、正しいことをいわれると余計腹が立つ。

「そう……そうだけど、なに正しいこといっちゃってんの、いなくなったくせに。逃げちゃったろ、カエル」

「あーあ、おとなのくせに、やつあたり」

「いけませんか。っていうか、やつあたりじゃないけど」

帰り道も怒りがおさまらない。こうきに近づいて小声でいう。

「今度、こうきの何かを逃してやる」

「そんなことしたら、たたくからな」

あっかんべ。

「残念だったね、ウシガエル」。ぼくはひびきにいった。

「いいよ、ザリガニつれたから」と、ひびき。

「え、いつ?」

「あおくんがウシガエルにむちゅうになってるとき。でもにがした。いっぴき、おうちにいるし」

あ、そうなの。あら、よかった。まぁ終わりよければなんとやら。

迎えの時間。ゆうくんが赤グループの部屋に顔を出した。

「あおくん、さっきのはやっぱり、やつあたりだよ。アミかぶせておけばよかったんだよ」

column

正しさよ、サヨウナラ

「悲しみよ、こんにちは」。いやいや、正しさよ、サヨウナラ。もう本当にひどい話（事例とも呼べない事例）で、抽出できるエッセンスも何もないのですが。大人だから正しいのでなく、ときに、大人が子どもに諭されたり、呆れられたり。夢中になると、途中から何のための「一生懸命」かもわからなくなり五里霧中。そういうオッチョコチョイな姿も、きっと子どもたちに受けとめてもらっている。もちろん、それにふんぞり返るわけではありません。反省も、分析も、対話も、予測も、計画もするけれど、何より現場でぼくら保育者は心を尽くしているのです。そして心はしばしばオッチョコチョイなものなのです。

「さよなら」と
「おはよう」の間

ぼくが帰りのバスを待っていると雨が降りだした。カッパをかぶり、時計を確かめる。木曜日の夜の7時15分。体が重い。肩のだるさはずいぶん前から取れないし、右のふくらはぎも痛い。

今朝は子どもたち一人ひとりをちゃんと迎えられただろうか。――秋雨にたたずんでいると、今日の保育のあれこれが浮かんでくる――うん、できた。でも、やっちゃんのお母さんには声をかけそびれたな。やっちゃんを見送りながら話したそうにしていたのに。どうして話しかけなかったのだろう。あのときは、こっちゃんがひとりで折り紙を始めたのが気になって……。それなら帰りに声をかければよかったのに、今度はどたばたしていてやりすごしてしまった。

だいたい帰り際にどたばたしすぎている。自分の声も大きすぎる。そろそろ帰るよ、という声かけが遅い。絵本の選び方も場当たり的だ。木曜なんだから落ち着いた時間を取って、物語絵本を読めばよかった。せかされてざわついている子どもたちの気を引こうと、『ねえ、どれが いい?』を選んだ。場当たりすぎる。

こっちゃんのこともそうだ。見落としている。仲よしのゆっちんがほかの友達とも遊ぶようになってきたせいか、最近ひとりでいることが多い。遊びに誘われても断るときがある。なぜだろう。ひとりでいたいのか。ゆっちんがほかの子と遊ぶのが気に入らないのか。気に入らないというより、遊びに入れないのか。……見落としている。

どうしてこう進歩がないのだろう。自分のつたなさが身にしみて、疲れていることがまるで罰のように感じられてくる。バスもずっと来ないかもしれない。

そうでなくとも、とぼくは続けて考える。保育者の心はいつも重い。うれしかったこと、さみしかったこと、悔しかったこと。保育者はいつも誰かの心持ちを分かち合っている。重い。でもそれはそのまま誰かの存在の重み、温かな重みでもある。

そんな温かい泥のような疲れを引きずって、やっと家にたどり着く。明日の現場まで12時間と少し。こんな状態で明日「おはよう」をちゃんといえるだろうか。初めて出会うように新鮮な目で子どもたちを見られるのだろうか。

こっちゃん、明日の朝も折り紙かな。折りながら、ゆっちんのほうを見ているのかも。もう一回ちゃんと見よう。ぼくも横で折り紙を折ってみようか。こっちゃんからみんなはどんなふうに見えているのだろう。

やっちゃんのお母さん。ダンスを始めたといっていたからその話題からがいいか。いや、あの見送り方は子どものことで気にかかることがありそう。まずはやっちゃんのエピソードを話そう。なるべく楽しいものを……。

そんなふうに整理しながら一つひとつ忘れていく。心を占めている事柄から適切な距離をとらないと、物事の大切な側面を見落としてしまう。今日の「さよなら」と明日の「おはよう」の間にいったん忘れることで、よりよい視力を回復しなければならない。

食事をし、食器を片づけ、お風呂に入る。なるべく何も考えない。食べること、洗うこと、温まることだけに集中する。テレビをつけるがすぐに消す。お酒を飲むのは用心が必要だ。適度な酔いは気分をほぐしてくれるが、醒めてみれば物事の難しさはそのままきちんとそこにある。

寝床に向かう。つたなさも重さもあるけれど、それ以上に保育は楽しい。疲れが和らぐにつれてそんな気もしてくる。

眠りにつく前に、子どもたちといて心躍ったことをひとつ選ぶ。そのイメージを反芻《はんすう》し、心地よさで心を満たし、明日の保育へとつなげる。

かんたが真っ白な軽石を見つけてきた。それから何人かで石探しの探検に出た。森を抜け、川に沿って歩き、橋をふたつ渡るとそこはもう知らない町だった。探検、探検……。イメージを膨らますのに適当な本か映画はないかな。『宝島』の出だしはいつもすばらしい。けれど今夜はもっと短いものを……O・ヘンリーの『緑の扉』はどうだろう。

ニューヨーク。雑踏で「緑の扉」と書かれた紙を渡された男は、足の向くまま近くのビルに入っていく。そこに緑色の扉を見つける。男はノックする。そして冒険が始まるのだ。実際始まるのはちょっとしたラブロマンスだけれど。

そう、都会にも冒険はある。たくさんの窓とたくさんの扉に閉ざされた世界。もしも世界中の窓という窓が一斉に開いたら。世界中の扉という扉を子どもたちが叩いて回ったら。

雨は朝方にはあがるらしい。明日も探検に出よう。草は陽に光り、ぼくらの足は濡れるだろう。

column

整理と忘却 そして楽しいイメージ

保育者は子どもとともに心を動かします。握った手の温かみから子どもを感じ取ります。いわば感情的で身体的な存在。頭の整理は記録でするとしても、保育者自身の心と体をケアすることはとても大切なことです。多少の違いはあるけれど、ぼくの場合はだいたい同じような過程をたどります。疲れの中で浮かんでくる事柄をこねくりまわし、心を「整理」したら、いったん「忘れる」。それから現場で心躍った事柄を「イメージ」として抽出し、反芻します。明日の朝もまた現場に立つのが楽しくなるように。もちろん深酒してしまうこともたまにはありますが……。

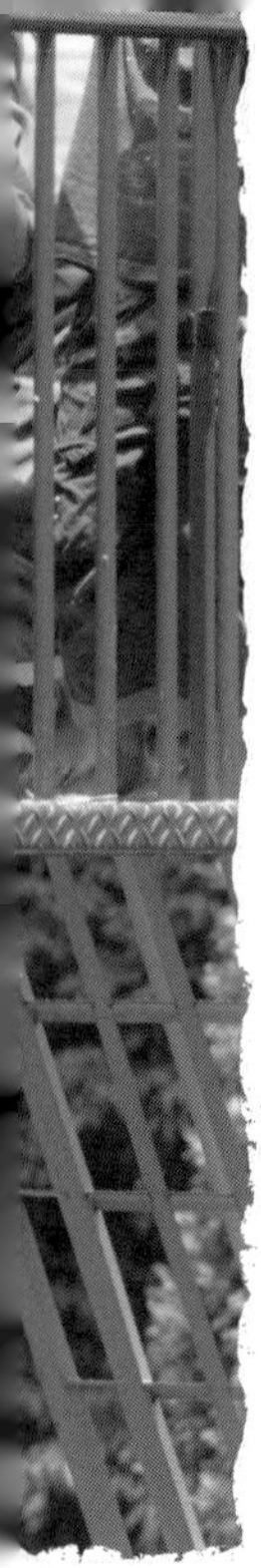

街で育つ子ども

「りんごの木」には園庭がありません。部屋を一歩出れば街です。幸い、部屋の前は遊歩道になっていて、車の心配はありません。子どもたちは遊歩道の木で虫を捕まえたり、かくれんぼをしたりして、街の中で遊んでいます。「だるまさんころんだ」をやっていると、おじいちゃん、おばあちゃんが足を止めて、「いまだよ、ほら」と声をかけてくれます。

木登りをしていると、「すごいねぇ」という人もいれば、「こんなことさせて危ないだろ」という人もいます。

あっちゅんが『スター・ウォーズ』に夢中になって、毎日お手製のライトセーバー（剣）を振り回していたら、若いお兄さんが『スター・ウォーズ』のテーマ曲をスマホから流してくれたこともありました。

あれは、みずほちゃんがりんごの木に入って3日目のこと。みずほちゃんは若い保育者です。りんごの木の横にある公園か

ら怒鳴り声が聞こえます。
あわてて行ってみると、滑り台のところでひとりのお母さんがみずほちゃんに怒鳴っています。
「あんたら、なに？　滑り台の滑り方悪すぎやろ！」
りんごの木の子たちは滑り台でいろんな遊び方をします。下から上へ駆け上がる。うつ伏せになり、手を前に伸ばしてウルトラマン滑り。一番上の柵をまたぎ越し、柵にぶらさがって飛び降りる。上から下へ、ただ滑るというのは、すぐに卒業してしまいます。

そのときもいろんな遊び方をしていたようです。滑りがよくなるように、乾いた砂を上からさーっとまいた。その砂が前を滑っていた2歳の女の子のお尻にかかった。それで、そのお母さんがみずほちゃんに怒っていたらしいのです。

「申し訳なかったです」

嫌な思いをさせてしまったことは素直に謝りました。そのお母さんの怒りはどんどん高じていきましたが、10分ほど怒るとややおだやかになりました。

「もうええわ。次から気ぃつけてな」

そういって、そのお母さんは立ち去りかけました。しかしくるっと振り向くと、みずほちゃんを指さしていいました。

「あんた、あたしが保護者だったら、あんたみたいな先生には絶対預けたくない。あんたな、明日からいい先生になりなさい」

「ちょっと待ってください」。ぼくはいいました。

「あなたに嫌な思いをさせてしまったことは謝ります。でも、いまのはなんですか。あなた、この先生のこと何を知っているんですか。いまのは言いますぎです。今のは取り消して、謝りなさい」

そのお母さんの顔がみるみるうちにまた怖い顔になりました。みずほちゃんのほうを向くと、

「言いすぎでした。取り消します。ごめんなさい」。そういって頭を下げました。そしてぼくのほうを振り向くといいました。「あんた、むかつく！」

やいのやいの、それからまたひと悶着あり、その日はそれでもの別れに終わりました。うつむくみずほちゃんに、「あんなん、気にせんでええ！」と、なぜかぼくまで関西弁……。

一応、愛子さん（りんごの木代表）に電話で報告すると、「したいケンカはしていいよ」とのこと。ぼくもそう思います、と電話を切りました。

みずほちゃんは、その後数日、公園でそのお母さんを待ち、声をかけました。突然いわれて驚いてしまい何の返答もできなかったこと、けれども自分はやっぱり「いろんな遊び方」が悪いとは思えないことを伝えたそうです。相手の方も、強くいってしまったことを謝りつつ、自分の考えは変わらない、でも「また来るわ」といってくれたそうです。

みずほちゃん（ぼくより数段）えらい！

column

子どもはミミズのような存在

街で遊ぶといろいろな人に出会います。同じ場を共有する中で考えの違いも、すれちがいも当然出てきます。なかには、子どもが自由に遊んでいる声や姿を迷惑に感じる人も。でもそれでもいいと思います。「あれあれ、あんなことしてる」と思っても、放っておいてくれるのが一番いいけど、暮らし方は人それぞれ。だから、こちらも堂々と子どもの暮らしを主張していけばいい。子どもは社会の土壌を耕してくれる、ミミズのような存在。粘り強く、ぬけぬけと、明日も遊びましょう。

卒業式前夜
保護者とのケンカ

「りんごの木」には「とことん週間」というものがあります。子どもが自分で決めたことを1週間とことんやり続けます。家づくり、穴掘り、洞窟探検、編み物、コマ回し、劇、歌づくりなどいろいろ。

その年、サッカーが流行《はや》っていたこともあり、とことんサッカーをやりたいという子が10人いました。

「さいごは、おかあさんたちとしあいして、かちたい」

それが子どもたちの意見でした。チームの名前も決めました。レッドドラゴンズ。なんだか勝てそうな名前です。

朝来てから帰るまでとことんボールを追いかけました。3日目、なんだかもう勝てる気がしました。それでお母さんチームに練習試合を挑みました。結果は0－4。完敗。はやては悔しくて泣きだしました。りくも泣きました。それからあらためて作戦を練り直し、一生懸命練習しました。そしていよいよ決戦。レッドドラゴンズは砂まみれになりながらお母さんたちにくらいついていきました。2－1。今度は勝ちました。

「つよかった！　ぜったい負けないって気持ちがすごかったよ」

子どもたち以上に、対戦したお母さんたちが感動していました。

レッドドラゴンズの10人に刺激されて、ほかの子もサッカーに入ってきました。それが2月半ばのことでした。

もうそろそろ卒業式というころ、レッドドラゴンズと対戦したお母さんのひとりから提案がありました。

「卒業式で、レッドドラゴンズの子たちにメダルを贈りたい」

ぼくは考えました。レッドドラゴンズの人たちだけがメダルをもらう。なんか変。それにいまは、ほかの子もサッカーにまじり、子どもたちはもう次に行っている。そのお母さんの「楽しかった！　ありがとう！」を伝えたいという気持ちは重々わかるのですが、どうにもぼくは納得できませんでした。それでお母さんの提案を断りました。その場はそれで終わったのですが……。

卒業式前日の夜、準備をしていると、そのお母さんがやってきました。ぼくが納得できなかったように、彼女も納得できなかったのです。このままでは明日の卒業式に出られない。はじめは静かな口調でしたが、やがて泣きながら怒りだしました。

ぼくとそのお母さんはりんごの木の玄関で立ったまま話していました。すぐ横ではほかの保育者たちが明日の準備をしています。もちろん話は全部聞こえています。でも誰も何にもいいません。聞こえないかのようにいそいそと準備をしています。

そのお母さんの話を聞きながら、ぼくは自分の考えが変わらないことを再確認しました。もちろん謝る気なんてありません。話は平行線をたどりました。夜の6時過ぎに始まった玄関での立ち話（立ちゲンカ？）は1時間、2時間とどんどん続きます。

「だいたい、青くんは理屈っぽい」

「そこを否定されたら、ぼく自身を否定されたと同じ。それがぼくの個性」

話はあらぬところまで広がります。3時間たったころ、保育者たちが次々に「お先に」「明日ね」と帰っていきました。それでもケンカは終わりません。

話がどういう筋道をたどったのか覚えていません。お互いに相手に対して思うことは言い尽くしました。いつしか声は小さく、穏やかになっていました。とうとうそのお母さんがいいました。

「考えはわかりました。明日の卒業式、気持ちよく出られそうです」

ぼくのほうからも、率直に意見を伝えてくれてありがとう、といいました。

ケンカはようやく終わりました。なんと10時半を回っていました。ふーっと息を吐くと後ろから声がしました。

「長かったね！　お疲れさま！」

振り返ると、ふたりの保育者がにこにこしながら立っていました。ずっと待っていてくれたのです。みんな帰ったとばかり思っていたぼくは驚きました。そして聞きました。

「なんで黙っていたの？」

恨めしかったわけではなく、素朴に不思議だったからです。

「青くんのケンカだから。一度でも後ろを振り返ったらすぐに助けに入ろうと思ったけど、青くん、一度も振り返らなかったから」

先に帰った保育者たちからも後日同じようなことを聞きました。放っておいてくれたこと、信じて、まかせてくれたことが、ぼくには何よりうれしかったのです。

りんごの木に入って1年目。

保育者になって初めてできた本当の仲間たちと迎える、卒業式の前の日の夜のことでした。

column

同僚性について

同僚性という言葉があります。保育者同士がお互いに支え合い、高めあっていく協働的な関係のことだそうです。「りんごの木」に入るとき、「ここはフリーの保育者の集まりだから」といわれました。自分のことは自分で責任持て、と。実際風通しのいい職場でした。意見は率直に言い合うし、思いついたことは思いついた人がやれます。

なれず、こびず、染まらず。一人ひとりがまず自分に責任を持つことから風通しのいい関係は生まれる気がします。そして自分なりに保育に取り組んでいる背中を、きちんと見てくれている仲間がきっといるはずです。

子どもたちからの贈りもの

「りんごの木」では卒業する子ども一人ひとりに歌を贈ります。その子だけの歌を、保育者が歌詞も曲も考えて作ります。できあがった歌から歌ってプレゼントしていきます。ゆうきちゃんは、なかなか自分の番が回ってこないのでいまかいまかと待っていました。

「つまんない」

でもとうとう、ゆうきちゃんの番がきました。保育者みんなで歌いました。

「ひとりでいいって　さけんだひも／となりにしようって　さそったひも／そっとそっといっしょだったよ／そっとそっと　ともだちだった／おひさま　はれ　ゆうきも　はれ／こころかさねて　いま　はれわたる」

ゆうきちゃんは家に帰って、りんごの大人に手紙を書きました。

「うたをありがとう」

そのうちにいいことを思いつきました。そうだ、りんごの大人に歌を作ろう。大人のことを思い浮かべて、言葉を探します。でもうまくいきません。ゆうきちゃんのお母さんがいいました。

「ほかの子も誘ってみたら？」

次の日は火曜日。ゆうきちゃんはほかの子を誘うことにしました。かんたも、かほも、ほたかも、るいも、一緒にやることになりました。

水曜日、かんたは「ちえの歌」の練習をしました。和室の扉をしめて。かほは「むーちゃんの歌」を練習しました。ピアノの前にすわって。ちえもむーちゃんも、りんごの大人です。

木曜日、いよいよ本番。椅子を並べて、お客さんも入りました。かほは「むーちゃんの歌」をピアノで弾き始めます。

かんたは「ちえの歌」を歌いだします。

「ちえのうた、やるんだから」

かんたがいいました。

「ちえのはまだできてないじゃん。むーちゃんのをひくの」。かほが叫びました。かんたがかほを叩きました。かほが泣きだしました。

かんたも泣きだして叫びました。

「きえろー、もう、おきゃくさんきえろー」

ゆうきちゃんは歌詞を書いた紙をにぎりしめて泣きました。

「今日はもうやめにしてさ、明日またやろうよ」

愛子さんがいいました。

そこへ、ほたかが出てきました。両手を広げてみんなにいいます。

「もうきょうはさ、しかたないから。ごめんだけど。あしたはやくきて。ざばっ！　とみんなきて。ざばっ！　とぜんぶのきょくをれんしゅうしてやろう。ごめんだけど。そうだ、るい、きて」。ほたかが、るいに耳打ちします。

「さっきいってたこと、いっしょにいおう」

「なになに。あー、あれか、わかった」

るいも、うんうんとうなずきます。

ほたかと、るいは声を揃えていいました。

「せーのっ……ごめんなさい」

さあ、それからが大変。明日までに歌えるようにしないといけません。保育者が入り、子どもたちが歌うのに合わせて符をとったり、こうしたらと提案したり。夕方までかかってだんだんと形になっていきました。

次の日は金曜日。朝からまた、保育者がつきっきりで練習です。みんなで集まったとき、かんたに聞いてみました。

「昨日みたいなことにならない？　大丈夫？」

かんたは片目をつぶって、指でオッケーサインを出してみせました。

「まかせといて」

椅子を並べてお客さんをすわらせます。ピアノの前にかほがすわります。跳び箱に保育者をすわらせて、歌う子どもたちが並びました。その顔は自信に満ちています。

ちえの歌はこんなでした。

「あそびうたのちえ、すてきなちえ、おひめさまやくをしたーいちえ、おこるとこわーいちえ、やさしさいっぱーい」

ぼくの歌はこんなでした。

「サッカーじょうず、へんそうじょうず、おもしろいことはなす、あおくん、みんなだいすき」

まつもの歌はこんなです。

「あみものじょうず、ぬいものじょうず、なんでもじょうず、おもしろい、まつも」

愛子さんの歌はこんなでした。

「おしゃべりすき、やさしいひと。ピアノがすてき、こえがすてき。こどもたちをいつもみている。りんごのき、ぜんぶのおかあさん」

歌い終わって、ゆうきちゃんは紙をにぎりしめて立っていました。大人は泣いていたけれど、かんたも、かほも、ほたかも、るいも笑っていました。りんごの木の月曜から金曜はもうくり返してやってはきません。次は卒業式で、りんごの木はおしまい。でも歌はいつでもすぐに口ずさむことができて、これからもずっとぼくらの間にあります。

column

子どもからのまなざし

「子どものことをよく見なさい」と保育に携わり始めたころ、先輩にたびたびいわれました。同時に忘れてはならないのは、子どものほうも大人をよく見ているということです。よく見ているだけでなく、一人ひとりの大人の個性を受けとめてくれています。子どもたちからの歌はあらためてそのことに気づかせてくれました。子どもからのまなざしに支えられて、保育の一日一日が成り立っているのです。

そのことに心新たに、経験や技術の量を誇るのではなく、明日もまた子どもと出会い続けていきたいです。

おわりに

この本は『新 幼児と保育』にて、「青くんのブルーノート」として連載していたものをまとめたものです。小学館が後援する保育記録の公募「わたしの保育」*で、「あかいぼーるをさがしています」というエッセーが大賞をいただいたことが連載のきっかけでした。

保育の現場に毎日立ちながら、４年間この連載を続けてきました。自分の保育を振り返ることはもちろん、それをどう表現するかに苦心した４年でした。保育のエピソードを書きつけてみると、出来事のありのままの肌触りよりおおげさすぎるように思えたり、反対に、いやにあっさりとしているように思えたり。言葉はいつでも自分の心持ちより、少し早く、また少し遅く、保育を書くということを通して、言葉と向き合い続けた日々でもありました。

連載では、エピソードから抽出できる保育の「コツ」や「心得」をコラムとして端的にまとめてほしい、という編集部からの注文がありました。

「保育のコツなんて……書けるかい」と思っていたものの、やってみると意外に楽しい。書き続けるうち、これは保育者の身体性を言葉にする作業なのだと気づきました。保育者が「見る」ということひとつとってもそう。保育者が「休む」ということもそう。姿勢を「整える」ということもそう。普段は半ば意識的に、半ば身体そのものを練ることで積み上げているものを、あえて言葉にしてみることで初めて了解できるものもたくさんありました。

そういう意味ではこれは保育の記録ではありません。事実を故意に違えたつもりはありませんが、客観的な事実をただ淡々と連ねようと企図したものではないからです。

日々子どもと過ごすなかで湧いてくる心持ちを見つめ、それをどうにか自分の肉声で伝えようとしたもの、いち保育者の「声」をとどめようとしたものです。

声はときに弾み、低くくぐもり、強く言い切りすぎては自制し、静かに意志をにじませています。この本を読んだあなたは、至るところでそうした声の震えを聞き取るかもしれません。

私は研究者でもなく、また園長でもありません。いち保育者です。研究者や園長と違うのは、日々子どもの隣にいて、保育の中にいるということです。外側から見てわかること、少し離れてみないとわからないことはあります。同じように、日々保育の中にいないとわからないこともまたあります。

保育の中にいるということは、現場に立つために朝何時に起き、そのためには何時に寝て……という一見瑣末《さまつ》なこと。同僚との距離感に悩み、重たい腰をさすりながら家路につき、財布の中身をのぞいては、ため息をつきながらビールをあきらめて発泡酒を飲む……というようなこと、つまりは保育を暮らすということでもあります。

保育所が足りない、もっと増やせという。でも誰も保育者を知らない。なり手がないなら給与を増やせ、手当を出せという。でも誰も保育者を知らない。私たちが子どもの隣で何に迷い、ためらい、心を躍らせているのか。保育者を知らないということは、子どもを知らないということ。保育者も子どもも社会のニーズという尺に合わせてだけ存在しているわけではありません。社会のニーズから、保育そのものの価値や喜びが生まれてくるわけではない。私たちは一人ひとり声を持つ人として生き、子どもと出会い、自分で保育者になることを決めたのです。

立川談志は、『現代落語家論Ⅱ』において「あなたも落語家になれる」といいました。そう言い切ることで談志は落語家を価値づけようともし、また「落語らしきもの」を排して、落語そのものにも迫ろうとしたように思います。

その名著にあやかって「あなたも保育者になれる」というタイトルをつけました。そうすることでぼくは保育者を価値づけ、同じように現場に立つ保育者たちに声を届けたかったのです。

不思議なことに、保育という営みは常に人の中にいるからこそ、ときに孤独を感じることも多い仕事だと思います。もしあなたがいま、あなた自身か、環境のせいでひとりであったとしたら、どうぞこの本を読んで、そこにささやかな友の声を聞き取ってくれたら幸いです。

連載を依頼し、長い間つきっきりで担当をしてくれた小学館の宮川勉編集長に心から感謝いたします。またあとを引き継いで担当してくれた村上奈穂さん、書籍化にあたっては平賀吟子さんに大変お世話になりました。帯には大豆生田啓友先生がコメントを寄せてくれました。巻末ながら感謝の意を伝えさせていただきます。

＊小学館後援の保育記録の公募は、「わたしの保育記録」に改称しています（２０１７年現在）。

青山 誠（あおやま・まこと）

1976年、横浜市生まれ。幼稚園勤務を経て、「りんごの木子どもクラブ」の保育者として、おもに4・5歳児を担当（執筆当時）。2019年より、上町しぜんの国保育園に勤務。第46回「わたしの保育記録」大賞受賞。著書に絵本『あかいボールをさがしています』（小学館）のほか、『子どもたちのミーティング』（りんごの木出版部）など。

装丁／石倉ヒロユキ
デザイン／レジア
編集／平賀吟子、『新 幼児と保育』編集部（宮川 勉）
写真／斎藤 実（カバー、P12、16、26、38）
　　藤田修平（P44、84）
　　りんごの木子どもクラブ
校正／松井正宏
写真の掲載にあたっては、許可をいただいたものを使用しております。

あなたも保育者になれる　子どもの心に耳をすますための22のヒント

2017年4月8日　初版第1刷発行
2023年2月22日　第2刷発行

著者　青山 誠
発行人　杉本 隆
発行所　株式会社　小学館
〒101-8001
東京都千代田区一ツ橋2-3-1
電話　編集　03-3230-5686
販売　03-5281-3555
印刷所　三晃印刷株式会社
製本所　牧製本印刷株式会社

ISBN 978-4-09-840179-6